눈으로 듣고 귀로 읽는

붓다 의

과학

이야기

눈으로 듣고 귀로 읽는

붓다의

진화생물학과 뇌과학 불교를 만나다

김성철 지음

과학

 이야기

참글세상

1% 나눔의 기쁨

일러두기

· 이 책에 실린 주석은 '설명 주'와 '출전 주'로 나누어지는데 설명 주는 단순히 번호만 표기하면서
 본문 하단에 실었고, 출전 주는 주1, 주2······와 같은 방식으로 표기하면서 이 책 말미에 미주로
 모았다.
· 주석에서 사용한 문자 가운데 Ⓢ는 산스끄리뜨(Sanskrit), Ⓟ는 빠알리(Pāli)어를 뜻하며, '대정장'
 은 '대정신수대장경(大正新修大藏經)'의 약자, '만속장'은 '만신찬속장경(卍新纂續藏經)'의 약자다.

이 책에서 제기하는 여러 '물음'들의 발단은 40여 년 전 필자의 고등학교 시절로 거슬러 올라간다. 1학년 때였던 것 같다. 영어 시간이었는데 교과서에 다음과 같은 얘기가 실려 있었다.

생물 선생님이 실험실을 비우면서 어느 학생에게 과제를 내주었다. 어항 속의 붕어를 자세히 관찰하여 전에는 생각하지 못했던 새로운 사실을 발견하면 기록해 놓으라고 지시하였다. 한참 후에 선생님이 돌아와서 무엇을 알게 되었는지 학생에게 물었다. 학생이 새로운 것이 별로 없다고 대답하자, 선생님은 붕어의 형태와 관련하여 학생이 미처 생각하지 못했던 몇 가지를 물었다. 그 가운데 하나가 "붕어 몸의 왼쪽과 오른쪽이 똑같은 것이 신기하지 않은가?"라는 물음이었다.

영어 문법을 익히고 독해력을 키우기 위해 여러 권의 교과서를 읽었겠지만 중·고등학교 시절을 통틀어 영어 수업 때 배웠던 내용 가운데 유일하게 기억나는 것은 바로 그 물음이었다. 참으로 궁금했지만 교과서에 그 이유는 실려 있지 않았다. 그날 이후 "붕어의 몸은 왜 좌우가 대칭인가?"라는 의문이 필자의 마음 한 구석에 똬리를 틀고 앉았다. 그리고 수십 년이 흘러 몇 년 전 대학 도서관에서 '뇌腦'에 대한 자료를 찾으면서 동물비교해부학 책을 뒤지다가 우연히 그 해답을 발견하였다제6장에 '우리 몸의 좌우가 대칭인 이유는?'이라는 제목의 한 꼭지로 실려 있다.

"붕어를 포함하여 대부분의 동물은 왜 좌우가 대칭인가?"라는 물음을 시작으로 생물의 형태와 관련하여 많은 의문들이 끊이지 않고 떠올랐다. "왜 눈, 귀, 콧구멍이 둘인가?" "왜 손가락과 발가락이 다섯인가?" "왜 이목구비가 얼굴에 몰려 있는가?" "왜 머리는 위에 있는가?" "왜 팔과 다리의 관절이 셋인가?" …… 이런 의문들이 수십 년 동안 필자의 마음속 어딘가에 숨어 있다가 언뜻언뜻 떠올랐고 그 해답을 찾을 때마다 마음은 한결 가벼워지고 세상은 보다 분명해졌다.

그러던 중 2009년 2월에 KAIST 생명과학과 대학원에서 '생명과학과 윤리'라는 제목의 특강을 하였다. "이목구비가 얼굴에 몰려 있는 이유는?"제5장 참조이라는 물음을 던지면서, 먹고 먹히는 약육강식의 세계를 얘기하고, 역지사지易地思之하는 황금율의 문제로 강의를 끌고 갔는데 모두들 경청하며 재미있어 했다. 이 강의를 계기로 생명의 형태에 대해 수십 년 동안 품었던 의문과 해답들을 하나, 둘 정리하기 시작하였고 이를 모아서 2012년 1년 동안 〈불교신문〉에 '진화생물학으로 풀어본 우리 몸의 비밀'이라는 제목의 칼럼으로 연재하였다. 이 책 앞부분에 실린 47편의 글이 그것이다. 원고 분량에 제한이 있는 신문 연재물로 각 주제마다 못다 한 얘기도 많았고 겹치는 내용도 있었기에 이번에 책으로 묶으면서 군데군데 첨삭하였다. 두 가지 칼럼을 한 꼭지로 합치기도 했고제3장, 꼭 필요한 새로운 글제46장을 추가하기도 하였다.

최근 들어 생명체의 형태는 물론이고 인간의 행동이나 심리까지 진화생물학으로 설명하려는 시도가 활발히 이루어지고 있다. 유전공학과 뇌과학의 눈부신 연구 성과들이 이런 시도가 합당하다는 점을 강력하게 뒷받침한다. 앞으로 언젠가 사회과학과 인문학의 많은 내용들이 진화생물학과 뇌과학의 언어로 대체될 것이라고 예측하는 학자들도 적지 않다. 대부분의 종교 역시 양자택일의 기로에 서게 되었다. 과학의 연구 성과를 수용하면서 기존의 세계관을 수정하든지, 과학과 대립하면서 근근이 명맥을 유지하는 것이다. 그러나 불교만은 예외다. '불교'는 '계시의 종교'가 아니라 '깨달음의 종교'이며, 외부에서 주어진 '도그마'가 아니라 부처님에 의해 '발견된 진리'로 현대과학과 방법론을 같이한다. '불교'를 전문적으로 연구하는 '불교학' 역시 위로부터 내려오는 '신학神學, Theology'이 아니라 마음에서 솟아오르는 '각학覺學, Buddhology'[1]이다.

---

1 Buddhology는 '부처'를 의미하는 산스끄리뜨어 'Buddha'와 '학문'을 의미하는 영어 'ology'의 합성어다. Buddha는 '알다, 깨닫다(覺)'를 의미하는 √budh에서 파생된 단어로 한자로 음역하면 '佛陀(불타)'가 되고 의역하여 '覺者(각자)'라고 쓴다. 따라서 Buddhology는 覺學(각학)이며 佛學(불학)이다.

아인슈타인은 ≪만년晩年의 회상Out of My Later Life≫이라는 수상록에서 '종교와 과학'이라는 소제목 아래 불교에 대한 자신의 생각을 다음과 같이 피력하였다.

"미래에 언젠가 온 우주를 포괄하는 보편종교가 생긴다면 그런 종교에서 기대할 만한 특징들을 갖추고 있는 종교가 바로 불교라고 생각합니다. 불교는 인격신 따위를 믿는 종교의 수준을 넘어서며 어떤 도그마도 고집하지 않고 모든 신학 체계를 배격합니다. 불교의 가르침은 자연적인 것과 정신적인 것을 모두 포괄합니다. 또, 자연적인 것과 정신적인 것 모두를 의미 있는 하나의 통일체로 체험하면서, 그런 체험에서 일어나는 종교적 감感에 토대를 두고 있습니다." 주1

불교에서는 현대생물학과 마찬가지로 인간과 짐승을 구분하지 않는다. 인간이나 짐승 모두 생로병사한다. 탄생하여 먹고 섹스하며 살다가 늙으면 병들어 죽는 것이다. 인간이든 짐승이든 탐욕과 분노와 어리석음의 번뇌가 가득하다. 인간과 짐승 모두 가련한 중생일 뿐이다.

또, 뇌과학에서는 자아또는 영혼의 실체를 인정하지 않는다는 점에서 불교의 무아설無我說에 근접하고 있다. 행동의 주체로서의 자아가 있다는 착각은 뇌의 전두엽에서 형성되고, 몸으로서의 내가 있다는 착각은 두정엽의 쐐기전소엽Precuneus에서 유래한다제42장. 이렇게 자아는 뇌에 형성된 신경회로에서 만들어낸 것이지 실재하는 것이 아니다.

몸과 마음, 인간과 자연의 본질에 대해 과학적으로 천착할수록 불교를 만나게 되고, 거꾸로 부처님의 근본 가르침을 깊이 이해할수록 현대의 과학 이론들이 떠오른다. 따라서 현대 사회에서 부처님의 가르침을 널리 전하기 위해서는 과학의 언어로 불교를 풀어낼 수 있어야 하고, 현대 과학이 인간의 탐욕과 분노를 실현하는 도구로 전락하지 않기 위해서는 생명과 세계에 대한 불교의 통찰이 길잡이가 되어야 할 것이다.

부처님의 모든 가르침은 '연기緣起의 법칙'을 중심축으로 삼는다. 연기는 '의존적依存的 발생'이라고 풀이된다. 모든 것은 실체를 갖는 것이 아니라 의존적으로緣 발생한다起. 큰 방은 실체가 있는 것이 아니라 작은 방에 의존하여 존재한다. 죽음은 실재하는 것이 아니라 살아 있다는 착각에 의존하여 생긴 망상이다. 고락苦樂은 실재하는 것이 아니라 선악善惡에 의존하여 발생한다……. 불교의 인식론, 종교성, 윤리학, 실천론, 수행법 모두 이런 연기의 법칙에서 도출된다. 부처님께서 발견하신 연기의 법칙은 정신과 물질, 삶과 죽음, 생명과 세계, 선과 악, 즐거움과 괴로움 등 우리가 알고, 짓고, 겪는 모든 것을 지배하는 유일무이한 법칙으로, 물리학의 '통일장 이론'에 비교된다. 이 책을 정독하는 분은 진화생물학과 뇌과학에 대한 새로운 지식을 습득하면서 우리중생의 몸과 마음에 관련된 모든 현상을 연기적으로 바라보는 훈련을 할 수 있을 것이다.

이 책의 뒷부분에는 2009년 9월 〈불교평론〉에서 '문명사적 대전환,

불교가 대안인가?'라는 대주제로 개최한 학술회의에서 발표했던 논문 〈진화론과 뇌과학으로 조명한 불교〉를 실었다. 앞에 실린 47편의 글들과 정반대 방향에서 과학의 언어로 불교를 풀이한 논문이다. 논문에서 불교와 진화생물학의 공통점과 차이점을 드러내 보았고, 불교의 깨달음과 뇌의 관계에 대한 필자의 생각을 피력하였으며, 불교의 윤회설을 논증해 보기도 하였다. 이번에 이 책에 함께 실으면서 앞의 글과 중복되는 내용을 일부 다듬었고 일반 독자를 위해서 불교 전문 용어에 대한 풀이를 주석에 추가하였다. 아울러 본문에서 못다 한 설명, 인용문의 출처와 원문 등도 주석에 실었다.

또, 독자의 이해를 돕기 위해 군데군데 사진이나 그림이나 도표를 실었다. 필자가 직접 그린 것도 있고 저작권을 구입한 것도 있지만 '저작권 개방 사이트'에서 선별한 것들이 대부분이며, 출처와 저작자를 낱낱이 적어서 이 책 끝에 모아놓았다. '오픈 라이선스 운동'에 동참하는 전 세계의 모든 저작자들에게 경의를 표하며 감사의 마음을 전한다.

머리글을 마무리하면서, 《중론, 논리로부터의 해탈 논리에 의한 해탈》과 《김성철 교수의 불교 하는 사람은……》에 이어 이 책의 출간을 기꺼이 맡아주신 불교시대사, 참글세상 이규만 사장님과 이 책 제1부 제34장에서 착안하여 멋진 제목을 지어주고 편집해주신 위정훈님께 감사의 말씀을 드리며, 논문이든 수필이든 필자가 쓰는 모든 원고를 언제나 즐겁게 읽고 조언해 주는 도반道伴 길상화吉祥華 보살을 향한 고마운 마음도 함께 적는다.

'불교학'과 '진화생물학'과 '뇌과학'이라는 지극히 전문적인 세 분야를 '통·섭統攝'하여 풀어내는 전위적前衛的 저술이기에 본서의 내용 가운데 미흡한 점이 많을 것이다. 독자 여러분의 질정叱正을 기다리며, 미래의 우리 사회를 이끌어갈 젊은 세대에게 부처님의 가르침을 알리는 데 이 책이 도움을 줄 수 있다면 저자에게는 더없는 보람이 되겠다.

불기 2558년2014 5월 15일

도남圖南 김성철金星喆 합장

차례

제2부
진화론과 뇌과학으로 조명한 불교

제1부 불교로 푸는 진화와 뇌

1 석가모니 부처님과 찰스 다윈
_ 불교와 진화생물학의 만남

        부처님 가르침의 참뜻을 올바르게 이해
하고자 할 때 가장 도움이 되는 현대 학문은 무엇일까? 철학, 종교학,
물리학, 사회학, 심리학 등 많은 학문들이 있지만 불교를 바르고 정확
하게 알고자 할 때 가장 유용한 학문은 생물학이다.

    그중에서도 적자생존과 약육강식의 원리를 갈파한 찰스 다윈Charles
Robert Darwin, 1809~1882의 진화생물학이다. 적자생존. 환경에 적합한 놈
만 살아남는다. 그리고 약육강식. 약한 놈은 고기가 되고 강한 놈은
먹는다. 울타리 없는 정글을 지배하는 비정한 생명의 법칙이다. 부처님
은 인간을 포함한 모든 생명체가 생로병사하면서 겪어야만 하는 약육
강식의 고통에 대해서 깊이 통찰한 분이셨다. '모든 생명체'를 불교 용

어로는 중생Sattva²이라고 부른다. 따라서 부처님의 가르침을 연구하는 불교학은 중생학이고 생명학이며 생물학이다.

싯다르타³ 태자는 열두 살 때 아버지 숫도다나⁴ 왕과 함께 농경제를 참관하였다. 태자는 뜨거운 햇볕에 온몸을 드러내고 흙먼지로 뒤범벅이 되어 일하는 깡마른 농부의 모습, 쟁기질할 때마다 흙덩이 사이로 벌레들이 꿈틀대면 온갖 새들이 날아와 다투며 벌레를 쪼아 먹는 모습을 보고서 마치 자신의 가족이나 친척이 고통을 당하는 것을 보고 있는 것처럼 큰 슬픔을 느꼈으며, 모든 생명체에 대한 크나큰 자애와 연민의 마음에서 다음과 같이 외쳤다고 한다.

"아! 아! 이 세상의 모든 생명체들은 온갖 고통을 받는구나. 그것은 출생과 늙음, 그리고 병듦과 죽음이다. 이와 더불어 갖가지 고통을 받으며 살아가지만 거기서 벗어나질 못하는구나! 어째서 이런 모든 고통들을 버리려 하지 않는가? 어째서 이런 모든 고통을 넘어선 적멸寂滅의 지혜를 추구하지 않는가? 어째서 이런 모든 고통의 원인인 생로병사에서 벗어나려고 하지 않는가?"

― ≪불본행집경≫주2

---

2 중생의 산스끄리뜨 원어인 삿뜨와(Sattva)는 영어의 be동사에 해당하는 어근 √as(있다, 존재하다)의 현재분사 sat에 추상명사화 어미 tva가 결합된 말로, 문자 그대로 풀면 '살아 있는 것'이 된다. ①짐승(축생)과 ②인간 그리고 우리 눈에 보이진 않지만 하늘나라에 사는 ③천신, 배고픈 귀신인 ④아귀, 지옥에 떨어진 ⑤지옥중생, 천신과 싸우는 ⑥아수라의 여섯 가지 생명체가 중생에 속한다. 현대 생물학에서는 식물도 생명체에 속하지만, 불교에서 말하는 중생의 범위에서 식물은 제외된다. 마음(識)이 없기 때문이다.

3 SiddhārthaⓈ. '목적(Artha)을 성취한 자(Siddha)'라는 뜻으로 석가모니 부처님의 아명(兒名).

4 Suddhodanaⓟ. 한문으로는 정반왕(淨飯王)이라고 의역한다.

그 후 17년의 세월이 지나 29살이 되었을 때 싯다르타 태자는 출가를 결행한다. 마음을 한곳에 집중하는 갖가지 삼매도 배우고, 스스로 몸을 괴롭히는 극도의 고행도 해보았지만 마음속 번민은 없어지지 않고, 세상의 괴로움도 사라지지 않았다. 그러던 어느 날 태자는 보리수 아래 앉아 깨달음을 얻는다. 부처님이 되신 것이다.

　싯다르타 태자를 깨달음에 이르게 한 방법은 삼매도 아니고, 고행도 아니었다. 열두 살 어린 나이에 농경제에 참석하여 세상을 관찰했던 그 방식 그대로였다. 농경제에서 쟁기질하는 농부의 모습과, 흙더미 사이에서 꿈틀대는 벌레의 모습과, 벌레를 채가는 새의 모습을 가만히 관찰했듯이, 싯다르타 태자는 생명의 참 모습을 있는 그대로 가만히 관찰하였다. 이렇게 '가만히 관찰하는' 수행을 선禪[5]이라고 부른다. 삼매의 즐거움樂과 고행의 괴로움苦을 모두 배격한 중도中道의 수행이었다. 마음을 가만히 멈추는 '지止'[6]와 대상을 그대로 보는 '관觀'[7]을 한 쌍으로 닦기에 '지관쌍수止觀雙修'라고도 부른다. 또, '지'를 닦아 마음을 집중하면 '정定'[8]에 들고, '관'을 닦아 대상을 있는 그대로 보면 '혜慧'[9]가 열

5 　선나(禪那)의 준말로, 선나는 빠알리어 자나(Jhāna℗, 산스끄리뜨어로는 Dhyāna⑤)의 음사어다.

6 　지(止). 샤마타(Śamatha⑤) 또는 사마타(Samatha℗)의 한역어. 마음을 한곳에 집중하는 수행이다.

7 　관(觀). 위빠샤냐(Vipaśyanā⑤) 또는 위빠싸나(Vipassanā℗)의 한역어. 대상을 깊이 통찰하는 수행이다.

8 　정(定). 사마디(Samādhi)의 의역어로 삼매(三昧)라고 음역한다. 마음을 집중한 상태로 혜(慧)의 토대가 된다.

9 　혜(慧). 쁘라즈냐(Prajñā)의 의역어로 반야(般若)라고 음역한다. 공성(空性)에 대한 통찰로 일반적인 지식의 습득과 그 방향이 정반대다. 지식(知識)이 쌓고 쌓아서 얻어진다면, 지혜(智慧)는 허물고 덜어내어서 체득된다. 모든 고정관념을 내려놓음으로써 지혜가 열리는 것이다.

고, 집, 멸, 도의 네 가지 진리, 즉 사성제를 발견하신 부처님(왼쪽)과, 이 가운데 고와 집의 진리를 입증한 찰스 다윈.

리기에 '정혜쌍수定慧雙修'라고도 부른다. 삼매나 고행과 같이 어떤 '테크닉'에 의지하지 않는, 지극히 상식적이고 건전하고 편안한 수행이 바로 '선'이었다.

　부처님께서는 이런 선 수행을 통해, 태어났지만 먹고 먹히면서 살아가다가 늙고 병들어 죽어야만 하는 모든 생명체의 고통苦을 관찰하신 후, 그런 고통의 원인集을 발견하셨으며, 그런 고통에서 벗어난 경지滅를 체득하셨고, 고통에서 벗어나는 방법道을 가르치셨다. 이를 '네四 가지 성聖스러운 진리諦'란 뜻에서 사성제四聖諦라고 부른다. 다시 말해 '생명 세계의 모든 것은 궁극적으로 괴로움'이라는 고苦성제, '모든 괴로움의 근본 원인은 외부에 있는 것이 아니라, 탐욕, 분노, 교만, 어리석음과 같은 우리 마음속 번뇌에 있다'는 집集성제, '그런 모든 괴로움이 사라진 경지인 열반'을 의미하는 멸滅성제, '괴로움이 사라진 열반에 이르는 수행 방법인 팔정도八正道'[10]의 도道성제의 네 가지 진리를 깨달으셨던 것이다. 그런데 찰스 다윈이 갈파한 적자생존과 약육강식의 원리와 목격담은 이러한 사성제 가운데 고성제와 집성제에 대한 뚜렷한 증거가 된다.

생명의 세계에서 최강의 포식자인 현대의 인간들은 실감하지 못하는 '생명의 진실'이 있다. 모든 생명체는 두 가지 고통에 시달린다. 하나는 '굶주림의 고통'이고 다른 하나는 '살해의 공포'다. 참새든, 늑대든, 물고기든, 나비든 그 몸을 유지하기 위해서는 매일매일 먹을 것을 찾아 헤매야 한다. '굶주림의 고통'이다. 맹수의 제왕 사자도 늙고 병들면 먹이를 구하지 못해 몇날 며칠을 굶는다. 지쳐 쓰러지면 독수리 떼가 하늘에서 맴돌고 허기진 하이에나들이 모여들어 숨이 끊어지기 전에 그 몸은 쪼이고 뜯긴다.

야생에서는 나보다 강한 놈이 항상 나의 목숨을 노리고 있다. 내 몸이 그의 먹이가 되기 때문이다. 먹히지 않기 위해서는 약자일수록 사방을 기민하게 살피면서 살아가야 한다. '살해의 공포'다. 약한 놈은 고기가 되고, 강한 놈은 먹는다. 최강의 포식자도 늙고 병들면 결국 먹히

---

10 팔정도(八正道)는 '여덟 가지 바른 길'이란 뜻으로, 정견(正見), 정사유(正思惟), 정어(正語), 정업(正業), 정명(正命), 정념(正念), 정정진(正精進), 정정(正定)의 여덟 가지 수행을 말하는데, 간략히 줄이면 계(戒), 정(定), 혜(慧)의 삼학이 된다. 다시 말해 '동물적 욕망에서 벗어나(戒: 윤리) 마음을 집중하여(定: 삼매) 지혜를 계발하는(慧: 지혜) 수행'이 팔정도에 다름 아니다.

얼룩말 잔해(殘骸)와 사자. 강한 놈은 먹고 약한 놈은 먹히는 약육강식의 현장이다.

고 만다. 냉혹한 약육강식의 법칙이다. 배고픔의 고통과 살해의 공포. 고성제苦聖諦의 괴로움이다. 허기를 채우려는 욕망과 먹이를 구하기 위한 투쟁. 집성제集聖諦의 번뇌들이다. 생명의 참모습으로 찰스 다윈이 생생하게 목격한 고苦, 괴로움와 집集, 그 원인의 진리다.

2 몸, 그리고 번뇌

_ 자연선택과 성선택이 빚어내는 우리의 몸과 마음

찰스 다윈 이전에도 진화를 해석하는 여러 가지 이론들이 있었다. 라마르크Jean Baptiste Lamarck, 1744~1829의 용불용설用不用說이 대표적인 예이다. 생명체의 몸 가운데 사용하는用 부분은 발달하고 사용하지 않는不用 부분은 퇴화한다는 이론이다. 예를 들어 기린의 목이 길어진 이유는 높은 나뭇가지에 있는 먹이를 먹기 위해서 계속 목을 뻗었고 그것이 후세로 유전되었기 때문이라는 것이다. 생물학 용어로 표현하면 '후천적으로 획득한 형질도 유전된다'는 이론이었다. 그러나 용불용설은 '탁상 위에서의 공상'일 뿐이었다. 멘델Gregor Johann Mendel, 1822~1884이 발견한 유전법칙에서 보듯이 획득형질은 유전되지 않았다.

다윈이 제시한 진화론의 합리성을 설명할 때 예로 드는 검은 후추나방(Black Peppered Moth).

　다윈 진화론의 장점은 실증적이고 과학적이고 합리적으로 진화 현상을 해석했다는 데 있다. 예를 들어서 영국의 맨체스터 지방에 살던 흰 후추나방Peppered Moth이 산업혁명 이후 검은 후추나방으로 진화한 것에 대해서 다음과 같이 설명한다.

　산업혁명 이전에는 흰 나방이 많았으나, 공업화가 진행되면서 공장의 검은 연기로 인해서 맨체스터 지방의 나무와 벽들이 검게 그을게 되자 눈에 잘 띄는 흰 나방은 대부분 포식자인 새들에게 잡아먹히고 검은 나방만 살아남아서 맨체스터 지방에 널리 퍼진다. 수십 년에 걸쳐 일어난 일이며 겉보기에는 흰 나방들이 새들의 눈에 띄지 않게 하기 위해서 그 몸을 검은 색으로 변화시킨 것 같지만 사실은 자연선택Natural Selection을 통해서 솎아진 것일 뿐이다.

　이러한 자연선택 이론과 함께 다윈의 진화론을 떠받치는 또 하나의

자연선택의 숨아내기. 포식자인 새의 주 먹이는 눈에 잘 띄는 검은 나방이었는데(왼쪽), 공업화로 건물벽이나 나무가 검게 그을자 주 먹이가 흰 나방으로 바뀌었다(오른쪽).

기둥은 성선택性選擇, Sexual Selection 이론이다. 이를 풀어서 설명하면 다음과 같다. 내가 지금 이렇게 태어나서 살고 있는 이유는 나의 부모를 포함한 모든 조상들이 사춘기 이후까지 굶어 죽지 않고 살아남아서 섹스와 임신에 성공했기 때문이다. 여기서 '사춘기 이후까지 굶어 죽지 않고 살아남는다'는 것은 성적性的으로 성숙하여 2세를 낳을 능력을 갖출 때까지 '자연선택'에서 도태되지 않았다는 것을 의미하고, '섹스와 임신에 성공했다'는 것은, 사춘기 이후에 인간 종 내에서 벌어지는 '성선택'의 경쟁에서 승리했다는 것을 의미한다.

동물로서 살아갈 때, 짐승으로 살아갈 때, 몸으로 살아갈 때 가장 중요한 두 가지 기관이 있다. 얼굴의 중앙에 뚫린 '입 구멍'과 사타구니에 붙은 '성기'다. 수천, 수만, 수천만이 넘을 나의 조상들 모두 자신의 입에 음식을 넣는 데 성공하여 사춘기 이후까지 굶어 죽지 않았고, 배

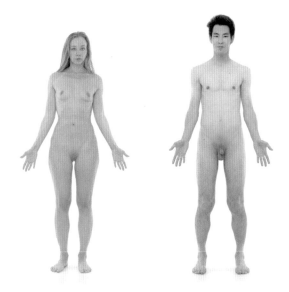

몸의 중심에 있는 입과 성기. 내가 지금 이렇게 존재할 수 있는 이유는, 나의 부모를 포함하여 모든 나의 선조가 먹이 획득(입)과 섹스(성기)에 성공했기 때문이다.

우자를 만나 섹스를 통해 2세를 낳는 데 성공했기에, 그 후손인 나의 몸이 지금 여기에 있을 수 있는 것이다.

눈, 귀, 혀, 코의 감각 기관과 팔다리와 손발은 우리 몸의 주인이 아니다. 모두 몸의 중앙에 있는 입과 성기를 위한 보조 기관일 뿐이다.[11] 뇌도 마찬가지다. 입과 성기를 위해 종사하는 감각 신경과 운동 신경의

11 　이는 현재 인체 관련 문헌이나 웹페이지에서 널리 사용되고 있는 '저작권 개방 사진'으로, 이니셜 'KYO' 란 사람이 누드모델 자원자를 선발하여 미카엘 헥그스트룀(Mikael Häggström)이 2011년 9월 29일 스톡홀름의 사진 스튜디오에서 촬영한 것이다. 남자는 당시 34세였던 미카엘 헬먼(Michael Hellman) 이며 여자는 40세였고 익명을 요구하였다고 한다. 자신의 몸을 숨김없이 드러내어 지식 정보의 자유로운 보급을 통한 인류 문화의 창달에 크게 기여한 두 분에게 경의(敬意)와 감사를 표한다(출처는 '부록' 참조).

지휘부일 뿐이다.

입은 식욕의 원천이고, 성기는 성욕의 뿌리다. 탐욕, 분노, 우치愚癡라는 삼독三毒의 번뇌 가운데 동물적인 탐욕을 충족시키는 기관이다. 나의 몸이 여기에 이렇게 존재하는 이유는, 식욕 → 입 → 자연선택으로 이어지고 성욕 → 성기 → 성선택으로 이어지는 생명의 두 가지 길에서 나의 조상들이 모두 성공했기 때문이었다. 이런 나의 조상들로부터 유전자를 물려받은 우리의 마음속에는 강력한 식욕과 음욕이 도사리고 있다. 자연선택과 성선택이라는 진화의 두 원리는 이렇게 우리의 마음속 번뇌에 닿아 있다.

그러나 이는 '몸의 길'일 뿐이다. 고, 집, 멸, 도의 사성제 가운데 '집集의 번뇌'를 갖고 '고苦 속에서' 살아가는 고달픈 삶이다. 부처님의 가르침은 멸성제滅聖諦의 목표와 도성제道聖諦의 수행을 제시한다는 점에서 다윈의 진화론을 넘어선다. 번뇌를 끊어서 열반을 체득하는 것. '입과 성기가 달린 비극적인 고기 몸에서 벗어나는 길이다. 짐승과 반대로 사는 길이다.

3 꿩은 왜 **수컷**이 아름다울까?

_ 2세 보전을 위한 유인과 희생의 치장

사람의 경우 동서고금을 막론하고 남자보다 여자가 치장을 많이 하는데 꿩은 사람과 반대다. 암꿩인 까투리는 칙칙한 갈색이라서 눈에 잘 띄지도 않는다. 반면 수꿩인 장끼의 색은 요란할 정도로 화려하다. 빨간 얼굴에 검은 볏을 하고, 목덜미에는 하얀 띠를 둘렀고, 길게 뻗은 꼬리 깃털에는 가로줄 무늬가 촘촘하게 나 있다. 암수가 바뀌면 더 좋을 것 같다. 꿩만이 아니다. 청둥오리도, 원앙새도, 공작새도 그렇다. 왜 그럴까? 진화론의 창시자 찰스 다윈도 고심했던 문제다. 눈에 잘 띄는 '화려한 수컷'은 포식자捕食者에게 쉽게 발견되어 잡아먹히기에 적자適者 생존이라는 진화의 원리를 역행하는 듯하기 때문이었다.

까투리의 보호색. 암꿩인 까투리가 자기 유전자를 후대에 전하려면 몇 달에 걸쳐서 알을 품고 양육해야 한다(왼쪽). 단 몇 초 동안의 교미로 자기 유전자를 후대에 전할 수 있는 장끼가 2세를 위해 할 수 있는 최선의 역할은 유인과 희생이다(오른쪽).

진화생물학에는 이를 해명하는 상충하는 두 가지 이론이 있다. 하나는 1930년에 영국의 피셔Ronald Fisher, 1890~1962가 제안한 섹시한 아들의 가설Sexy Son Hypothesis이고 다른 하나는 1975년에 이스라엘의 진화생물학자 아모츠 자하비Amotz Zahavi, 1928~가 제시한 약점의 원리Handicap Principle다.

섹시한 아들의 가설에서는 꿩이나 공작새의 수컷이 화려한 이유에 대해 다음과 같이 추측한다. 보다 화려한 수컷을 배우자로 삼을 경우 2세의 수컷 역시 다른 수컷들보다 화려하기 때문에 암컷들과 짝을 지을 빈도가 높아서 보다 많은 번식이 이루어진다는 것이다. 그런데 뭔가 이상하다. 닭과 달걀 중 무엇이 먼저인지 따지는 것처럼, 논리적으로 악순환의 오류Fallacy of Vicious Circle를 범하는 이론이다. 많은 후손을 두게 되는 원인이 수컷이 보다 화려하기 때문인데, 수컷이 보다 화려하게 진화하는 이유는 많은 후손을 두기 때문이라고 설명하는 것이다.

한편 약점의 원리에서는 다음과 같이 푼다. 수컷이 화려할 경우 포식자의 눈에 잘 띄어서 잡아먹히기 쉽지만, 그런 '약점Handicap'이 있음에도 불구하고 살아남아 있다는 것은 포식자를 이기는 강인함과 포식자를 피하는 기민함을 의미하기에, 그렇게 강인하고 기민한 2세를 갖고 싶은 암컷의 관심을 끌어서 수컷은 점점 더 화려해진다는 것이다. 그런데 이것도 좀 이상하다. 논리적으로 말하면, 특수한 몇몇 사례에 근거하여 경솔하게 결론을 내리는 성급한 일반화의 오류Fallacy of Hasty Generalization를 범하는 이론이다. 약점의 원리가 옳다면 모든 피식자의 수컷이 화려해야 할 것이다. 그러나 까치나 백로, 참새, 제비 등에서 보듯이 대부분의 새들은 암수의 외형에 큰 차이가 없다.

한 실험에 의하면 공작의 수컷 꼬리에 깃털을 덧대어 보다 화려하게 만들면 암컷들이 더 큰 관심을 보인다고 한다. 물론 그럴 수 있다. 그러나 보다 화려한 수놈 공작의 교미 빈도가 높다는 것은 화려함의 결과이지 화려하게 된 이유는 아니다. 섹시한 아들의 가설이든 약점의 원리든 모두 논리적 결함을 갖는다.

그러면 꿩과 같은 몇몇 조류에서 화려한 표현 형질을 갖는 유전자, 즉 눈에 잘 띄는 외형을 발현시키는 유전자를 가진 수컷일수록 보다 많은 2세를 퍼뜨릴 수 있는 이유는 뭘까? 단적으로 말하면 포식자의 눈에 잘 띄기 때문이다. 역설적이긴 하지만, 포식자의 눈에 잘 띄는

암컷은 칙칙한 보호색으로 위장하고 수컷은 화려한 유인색으로 치장한 청둥오리는 포식자가 접근하기 쉬운 곳에서 알을 품고 새끼를 양육한다.

수컷일수록 2세를 보전할 확률이 높다. 꿩이나 청둥오리, 공작이나 원앙과 같이 수컷이 화려한 야생 조류는 대개 땅 위의 풀숲, 덤불 속에서 새끼를 낳아서 키운다. 늑대나 들개와 같은 포식자가 접근하기 쉬운 곳이다. 굶주린 포식자가 숲을 뒤진다. 그때 갑자기 화려한 장끼가 '꿱!' 하고 요란한 소리를 지르며 푸드덕 날더니 저만치 내려앉는다. '튀는' 외모를 하고 있기에 멀리 날아가도 포식자에게 금방 발견된다. 포식자는 다시 장끼를 향해 달린다. 장끼는 다시 요란한 소리를 내며 날아간다. 이렇게 어느 정도 도망가다 어느 한계에 이르면 풀숲에 머리만 콕 박는다. "날 잡아잡수!" 하는 참으로 바보 같은 행동이다. 자기 눈에 아무것도 안 보이면, 쫓아오던 적도 자기를 못 볼 것이라고 착각하는 것 같다. 결국 포식자에게 잡히기도 한다.

사람들은 이런 장끼에 빗대어 머리 나쁜 사람을 '꿩 대가리'라고 부르며 조롱한다. 그러나 사실은 이와 정반대다. 장끼의 이러한 행동은 2세를 보전하기 위해 목숨을 걸고 벌이는 '영리한 유인'이고 '숭고한 희생'이다. 포식자가 '튀는 모습'의 멍청한 장끼를 쫓아가면서 둥지에서 멀어지면, 칙칙한 보호색의 까투리와 그 2세들은 위기를 모면한다. 진화생물학적으로 표현하면, '포식자의 눈에 잘 띄도록 화려한 모습을 하고, 요란한 소리로 울어대어 주목을 하게 만들고, 포식자에게 잡히는 위험도 마다하지 않는 습성을 갖는 장끼'일수록 보다 많은 2세를 후대에 남겼던 것이다.

만일 암수의 모양이 같다면, 포식자에게 목격되는 빈도에서 암수의 차이가 없을 것이고 살해될 확률 역시 같을 것이다. 그러나 수컷이 눈에 잘 띌 경우 포식자가 수컷을 쫓아갈 확률이 높아진다. 보다 더 화려한 색깔을 갖는 수컷일수록 포식자에게 희생될 가능성이 크지만, 반면에 이런 수컷을 가장으로 두었던 암컷이나 새끼들이 희생될 가능성은 적어진다. 꿩이나 공작새와 같은 조류에서 수컷이 점점 화려하게 진화한 이유다.

꿩의 부화 기간은 23일이다. 부화 후에도 한참을 보호받아야 독립한 성체가 된다. 암컷의 경우 자신의 유전자를 2세에게 전하려면 알도 품어야 하지만 부화 후에도 오랜 기간 생존하면서 새끼들을 돌봐야 한

청둥오리가 가축으로 발탁되어 인간에게 사육되면서, 암컷의 보호색과 수컷의 유인색 모두 탈색하여 하얀 집오리가 되었다.

다. 그러나 수컷의 경우 '단 몇 초 동안의 교미'만으로 자기의 유전자를 2세에게 전한다. 따라서 보다 많은 2세를 두기 위해 장끼가 할 수 있는 최선의 행동은 갓 태어난 자신의 새끼들과 이를 키우는 까투리가 포식자에게 발각되지 않도록 보호하는 것뿐이다. 이를 위해서는 포식자를 유인해야 하고, 궁극에는 자기 '희생'도 감수할 수 있어야 한다. 암컷보다 눈에 잘 띄어야 포식자를 유인할 수 있다. 심지어 자신의 몸뚱이를 포식자에게 한 끼 식사로 바칠 각오까지 되어 있어야 한다. 약육강식의 정글에서 살아남은 조류들의 유전자에 각인된 '축생의 정의正義'다. 이들의 진화에서는 친족선택Kin Selection[12]이 성선택에 선행한다.

---

12 '친족 선택'의 의미에 대해서는 이 책 '36. 윤리와 도덕에 대한 진화론의 풀이'를 참조하라.

그런데 인간이 가축으로 사육하는 닭이나 집오리의 경우 암수의 외형에 큰 차이가 없다. 왜 그럴까? 이들은 가축화되면서 인간의 보호를 받아왔다. 가축의 경우 2세의 보전을 위한 수컷의 자기희생이 필요 없기 때문에 암수 간에 외모 차이가 서서히 사라졌을 것이다. 울긋불긋했던 외모가 단순한 색으로 '퇴화'한 것이다. 암수가 모두 흰색인 집오리는 야생 청둥오리에서 유래한다고 한다. 야생 닭도 수컷이 화려하다. 그러나 인간에게 가축으로 발탁되면서 암컷의 '보호색'도 퇴화하고 수컷의 '유인색'도 퇴화하여 동색이 되었다. 공격하는 포식자를 피해 숨거나 유인할 필요가 없어졌기 때문이다.

이들 가축들은 같은 종 내에서 성선택性選擇의 투쟁만 하면 자신의 유전자를 후대에 남긴다. 수컷끼리의 싸움에서 이기기만 하면 된다. 몸이 크고 힘세고 사나우면 된다. 가축화된 이들 조류에서 암수는 외형이 아니라 크기와 전투력에서 차이가 날 뿐이다. 이런 통찰에 근거하여, 오리나 닭과 같은 가금류에서 암수 간의 '동형同形의 정도'를 측정하여 이들이 인간에게 발탁된 시기를 추산할 수도 있을 것이다.

조류뿐만이 아니다. 구피Guppy라는 열대어 역시 암컷보다 수컷이 화려하다. 이는 암컷의 정자 보전 능력과 유관하다. 구피의 경우 수컷의 정자가 암컷의 몸속에서 최소한 6개월 이상 보전되기에 교미 후 수컷이 없어도 몇 달간은 계속 그 수컷의 새끼를 낳는다고 한다. 수컷이 포식자에게 잡아먹힌 후에도 몇 달 간 그 유전자를 갖는 새끼들이 계속 태어나는 것이다. 따라서 포식자와 마주쳤을 때 구피의 수컷이 해야

수컷의 정자가 암컷(왼쪽)의 몸속에서 최소 6개월 이상 보존되는 열대어 구피의 수컷(오른쪽) 역시 화려한 유인색을 띈다.

할 최선의 행동은 꿩이나 공작과 마찬가지로 '유인'이다. 더 나아가 '희생'까지 감수할 수 있어야 한다. 포식자가 접근하기 쉬운 곳에 서식하는 많은 동물들에서 수컷이 눈에 띄게 화려해진 이유다.

유인과 희생의 원리Principle of Lure and Sacrifice. 포식자로부터 자신의 가족을 지켜온 '화려한 수컷의 윤리'다. 외적이 침입했을 때 부녀자와 아이들을 지키기 위해 목숨 걸고 싸우려는 남자들의 정의감 역시 이러한 윤리의 인간적 변용에 다름 아니다.

4 고래에서 보이는 진화의 증거들
_ 분무하는 콧구멍, 지느러미가 된 앞발, 골반의 흔적

고래는 포유류다. 지느러미鰭가 근육과 속뼈로 이루어진 육기肉鰭어류가 뭍으로 올랐다가 파충류를 거쳐서 포유류로 진화하였는데, 그 가운데 일부가 다시 바다로 들어가 고래로 진화하였다. 물고기를 먹으면 탈이 없는데 소고기나 돼지고기와 같은 육陸고기만 먹으면 두드러기가 나는 분이 계셨다. 어느 날 처음 고래고기를 드셨는데 영락없이 두드러기가 났다며 고래의 살은 육고기라는 점을 몸소 체험했다고 하셨다.

고래는 여느 포유류와 마찬가지로 새끼를 낳아서 젖을 먹여 키운다. 귀가 있지만 귓바퀴는 퇴화하였고 목구멍에 가득 찬 물의 진동이 내이內耳에 전달되어 소리를 듣는다.

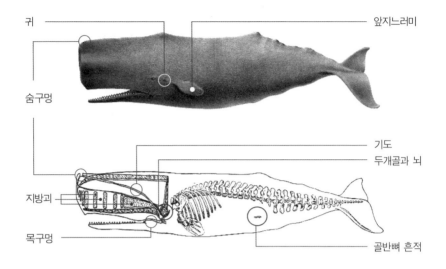

귀 ——

앞지느러미

숨구멍

기도
두개골과 뇌

지방괴

목구멍

골반뼈 흔적

향유고래의 외형과 구조. 육상 포유류에서 진화한 증거로 골반 뼈의 흔적이 보인다.

원래 네 발이 모두 있었지만, 앞발은 발가락이 한 덩어리로 뭉쳐서 한 쌍의 앞 지느러미가 되었다. 위 그림은 향유고래Sperm Whale의 외형과 해부학적 구조다. 뭉툭한 머리 부분에 생우유 냄새가 나는 지방 덩어리脂肪塊가 가득 차 있기에 향유香油고래라고 부른다. 큰 놈은 길이가 약 20미터쯤 된다고 한다. 그런데 그림에서 보듯이 앞 지느러미 살속에는 앞발가락 뼈들이 그대로 남아 있다. 고래가 육상 사지동물에서 진화한 것을 입증하는 실례 가운데 하나다. 뒷다리는 물개가 그렇듯이 물살을 아래위로 밀치는 데 쓰이다가 꼬리 지느러미로 융합하면서 그 골격이 사라졌지만, 그림에서 보듯이 뒷다리를 몸체와 연결했던 골반뼈의 흔적이 여전히 남아 있다. 이 역시 진화의 증거다.

고래는 허파로 숨을 쉬어야 하기에 가끔 물 위로 떠올라서 머리나 등에 뚫린 숨구멍으로 참았던 숨을 토하고 신선한 공기를 들이마신다. 이때 파열음이 들리면서 덜미에 뚫린 숨구멍으로 하얀 김발을 뿜어댄다. 그림에서 보듯이 향유고래는 숨구멍이 앞에 있지만 돌고래는 머리 위에 있고 긴수염고래의 숨구멍은 등덜미에 있다. 그런데 어디에 있든 고래의 숨구멍은 모두 콧구멍에서 유래한다. 원시고래의 경우 원래 여느 육상 포유류와 같이 콧구멍이 입 바로 위에 있었지만, 보다 빨리 코를 물밖에 내밀어 숨을 쉴 수 있도록 콧구멍이 점점 몸의 상부로 이동한 것이다. 진화론적으로 설명하면 콧구멍이 보다 위에 있는 고래가 '자연선택의 적자適者'였다.

이웃 종교인 가운데 성경문자주의Biblicism를 고집하는 사람들의 창조론이 옳다면, 진화론의 전도사 리처드 도킨스[13]가 빈정대듯이 고래의 기도氣道는 허파에서 숨구멍으로 직통해야 효율적일 것이다. 그러나 고래의 기도는 허파에서 뇌의 앞으로 우회하여 머리 위, 또는 덜미에 뚫린 숨구멍으로 연결된다. 40쪽 그림은 돌고래의 머리 내부를 그린 것이다. 돌고래의 경우 이마가 튀어나와 있지만 사람과 달리 그 속에는 뇌가 아니라 멜론Melon이라고 부르는 지방괴脂肪塊가 들어 있다. 돌고래의 뇌는 기도보다 뒤쪽으로 물러나 있다. 말하자면 돌고래의 목덜미 부분에 뇌가 들어 있는 것이다. 또 38쪽 그림에서 보듯이 향유고래의 경우도 앞

13　Richard Dawkins, 1941~. 진화론을 대중화하기 위해 《이기적 유전자》, 《만들어진 신》, 《눈 먼 시계공》, 《조상 이야기》 등 많은 저술을 통해 적극적으로 활동하는 영국의 진화생물학자.

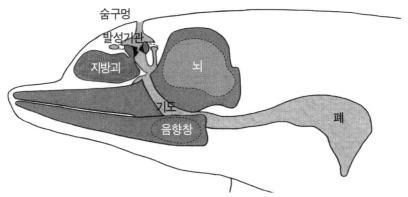

숨구멍
발성기관
지방괴
뇌
기도
음향창
폐

돌고래의 기도는 허파에서 숨구멍으로 직통하지 않고 뇌의 앞으로 우회하여 숨구멍(콧구멍)으로 연결된다. 이 역시 돌고래가 육상 포유류에서 진화한 증거 가운데 하나다.

이마의 대부분은 기름덩어리가 가득하고 두개골과 뇌는 모두 기도보다 뒤쪽에 위치한다. 이렇게 모든 고래의 기도는 허파에서 숨구멍으로 직통하지 않고 번거롭게도 뇌의 앞을 지나서 우회한다. 콧구멍이 숨구멍으로 진화했다는 점을 알게 하는 해부학적인 구조다. 앞으로 TV나 영화에서 고래 등에서 분무가 솟아오르는 장면을 보면 "고래가 코를 풀고 있네!"라고 생각하자!

5 얼굴에 **이목구비**가 몰려 있는 이유는?

_ 먹기 위한 눈, 코, 입, 먹히지 않기 위한 귀

생명체의 모습, 동물의 모습이 지금과 같이 진화한 이유에 대해 분석하고자 할 때 우선 풀어보아야 할 문제가 있다. "우리의 감각 기관은 어째서 대부분 얼굴에 몰려 있는가?" '안眼, 이耳, 비鼻, 설舌, 신身, 의意'의 육근六根, 다시 말해 '눈, 귀, 코, 혀, 몸, 생각'의 여섯 가지 지각 기관根 가운데 눈, 귀, 코, 혀가 모두 얼굴에 몰려 있다. 얼굴에 분포한 신근身根까지 합하면 모두 다섯 가지 지각 기관이 좁디좁은 얼굴에 오밀조밀 몰려 있다. 어린 아이든, 어른이든, 노인이든……. 사람도 그렇지만 강아지도, 개구리도, 물고기도, 새도, 메뚜기도 그렇다. 왜 그럴까? 왜 이렇게 진화한 모습을 유지하고 있을까?

그 답은 간단하다. '먹기 위해서'다. 인간을 포함하여 그 어떤 동물

얼굴에 몰려 있는 눈, 코, 입. 눈과 코와 혀는 입 구멍을 중심으로 포진한 먹이 탐지기일 뿐이다.

이든 '입 구멍'에 먹이를 넣어야 신체가 보전되는데, 아무것이나 다 먹이가 될 수는 없다. 눈으로 탐지하여 '먹을 것'이라는 판단이 들면, 가까이 접근하여 코로 냄새를 맡아서 그것이 먹이인지 확인한다. 부패하거나 해로운 것이 아니라고 생각되면, 입 구멍 속으로 넣어서 혀를 대어 먼저 표면의 맛을 본다. 그 다음에 이빨로 꽉 깨문다. 즙이 나온다. 맛이 이상하거나 상한 것은 혀로 밀어내어 얼른 뱉는다. 퉤! 퉤! 퉤! 그러나 먹이가 확실하면 목구멍으로 꿀꺽 넘긴다. '입 구멍'을 중심으로 눈, 코, 혀가 몰려 있는 이유다.

우리가 먹는 하루 세끼의 식사가 거저 이루어지는 것 같지만, 음식이 위장으로 들어가기 위해서는 적어도 '눈, 코, 혀' 세 단계의 검토를 거쳐야 한다. 멀리 떨어진 먹이의 명암과 색깔과 형태를 감지하는 눈은 '원격 광학 탐지기', 먹이에서 대기 속으로 퍼진 화학 성분을 감별하는 코는 '원격 화학 탐지기', 살에 직접 닿는 먹이의 화학 성분을 분간하는 혀는 '근접 화학 탐지기'다.

원시동물의 경우 먹이를 찾아 움직이기에 진행 방향 쪽에 '입 구멍'이 있다. 입으로 들어간 먹이가 몸을 통과하며 소화된 후 배출되기에 꼬리 쪽에 '항문 구멍'이 뚫려 있다. 그리고 진화의 과정에서 입 주변에 먹이 탐지기가 하나, 둘 생긴다. 살의 일부가 혀로 변하고, 코로 변하고, 눈으로 변하는 것이다. 우리의 이목구비 모두 몸의 '위쪽'인 머리에 몰려 있지만, 진화 초기의 원시생물일 때에는 주둥이 근처인 몸의 '앞쪽'에 붙어 있던 것들이다. 인간의 경우 직립과 함께 '앞쪽'이 '위쪽'이 되었다.

지렁이와 같은 하등동물에게는 눈이나 코가 없다. 몸통 앞뒤로 길게 구멍이 뚫려 있을 뿐이다. 입 구멍에 인접한 신경 일부가 두툼해져서 혀의 역할을 한다. 눈도 없고, 귀도 없고, 코도 없고, 우리와 같은 뇌도 없다. 지렁이와 같은 원시동물은 광학 탐지기인 눈도 없고, 원격 화학 탐지기인 코도 없기에, 무엇이 먹이인지 취사선택하지 못한다. 하루 종일 흙을 먹은 후 유기물만 흡수하고 무기물은 항문으로 배출한다. 그러나 진화의 과정에서 입 구멍 주변의 피부가 코와 눈 등으로 변하면서 보다 효율적으로 먹이를 섭취한다. 새로운 종種이 나타나는 것이다.

눈, 코, 혀의 주된 기능이 '먹기 위함'이라면 얼굴 양쪽에 달린 귀의 주된 기능은 '먹히지 않기 위함'이다. 귀는 '매질媒質 진동 탐지기'다. 육상동물은 '공기'라는 매질 속에서 살아가는데, 공기의 진동은 소리가 되어 우리 귀에 들린다. 그런데 '큰 소리'는 '위험'을 의미한다. 나보다 큰 포식자가 움직이거나 내 몸을 해칠 수 있는 자연 재해가 있을 때 소리가 크게 난다. 큰 소리가 나면 경계를 하거나 몸을 피한다. 눈에 비친 모습이나 코로 맡은 냄새보다 귀에 들리는 소리의 공포가 큰 이유가 여기 있다. 물고기의 경우 비늘에 점선처럼 패인 '옆줄'의 속살이 매질인 물의 진동을 감지하여 몸을 피한다.

우리는 이목구비가 수려한 사람을 보고 '잘생겼다' 또는 '예쁘다'고 말한다. 그러나 이목구비의 원래 기능은 그렇게 미학적美學的인 데 있지 않다. 먹기 위한 '눈, 코, 혀', 먹히지 않기 위한 '귀'일 뿐이다. 잘생긴 영화배우나 어여쁜 탤런트의 수려한 이목구비가, 원래의 기능을 알고 나니 참으로 비극적으로 보인다.

동물의 세계에서 최강의 포식자인 인간이면서 세끼 밥을 꼬박꼬박 챙겨 먹을 수 있는 나라에 사는 우리이기에 '눈, 귀, 코, 혀'의 본래 기능을 잊은 지 오래다. '눈과 코와 혀'는 약육강식의 세계에서 약자를 잡아 먹기 위한 '먹이 탐지기'이고, '귀'는 먹히는 것을 예방하는 '진동 탐지기'다. 이목구비에서 중심은 '구口', 즉 '입'이다.

6 우리 몸의 **좌우**가 **대칭**인 이유는?

_ 먹이를 찾아 전진하는 '탐욕의 동물성'이 빚어낸 모습

'남산 위의 저 소나무'는 좌우 대칭이 아니다. '앞동산의 진달래'도 좌우 대칭이 아니다. 식물은 좌우 대칭이 아니다. 그런데 동물들은 대부분 좌와 우가 똑같다. 종이에 찐득하게 물감 칠을 하고서 반으로 접었다가 펴면 나타나는 대칭 그림인 '데칼코마니Décalcomanie'와 같다. 사람도 그렇고, 강아지도, 부엉이도, 물고기도, 잠자리도 그렇다. 모두들 '입체 데칼코마니'다. 왜 이런 모습을 하고 있을까?

정답은 '이동하기 때문'이다. 동물動物은 그 이름이 의미하듯이 '움직이는動 생물'이다. 동물이 움직이는 가장 큰 이유는 먹이를 찾기 위해서다. 먹이를 찾기 위해서 이동한다. 진행하는 방향을 '머리'라고 부르

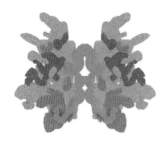
데칼코마니. 종이에 찐득하게 물감 칠을 하고 반으로 접었다 펴면 나타 나는 대칭 그림.

고 끌려가는 쪽을 '꼬리'라고 부른다. 머리 쪽에 이목구비의 감관이 붙은 얼굴이 달려 있다. 입은 먹이가 들어가는 구멍이다. 입을 중심으로, 먹이를 찾는 데 사용하는 '원격 광학 탐지기'인 눈과 '원격 화학 탐지기'인 코가 포진하고 입 구멍 속에는 '근접 화학 탐지기'인 혀가 들어 있다.

산스끄리뜨어로 '섬州'을 '드위빠Dvīpa'라고 쓴다. 둘을 의미하는 '드위Dvi'와 물을 의미하는 '아쁘Ap'가 합쳐진 말이다. 드위빠의 어원을 살려서 번역하면 '물이 둘로 갈라지는 곳'이란 뜻이다. 강물이 흘러가다가 섬을 만나면 둘로 갈라지기에 이런 이름이 붙었다. 독특한 어원이지만 동물의 좌우가 대칭인 이유를 설명하는 데 좋은 참조가 된다. 동물이 이동할 때는 풍경을 양쪽으로 가르게 된다. 섬의 경우는 섬이 정지해 있고 강물이 둘로 갈라지며 뒤로 흘러가지만, 동물의 경우는 풍경이 정지해 있고 동물이 앞으로 진행하며 풍경을 둘로 가른다.

동물이 움직이는 본래 이유는 먹이를 찾는 것이고 먹이는 내 주변의 어딘가에 있다. 앞으로 진행하면서 풍경을 좌우로 가를 때, 먹이 탐지에 가장 효과적이기 위해서는 왼쪽과 오른쪽으로 갈라지는 풍경을 균등하게 탐색할 수 있어야 한다. 눈, 코, 귀와 같은 감관이 좌와 우의 어느 한쪽에만 몰려 있을 경우 먹이 탐지에서 실패할 확률이 높아진다.

또 동물이 앞으로 진행하기 위해서는 운동 기관이 있어야 한다. 물고기의 경우는 지느러미, 육상동물의 경우는 발, 새나 잠자리와 같은 날짐승은 날개를 이용하여 앞으로 진행한다. 지느러미와 발과 날개 모두 좌우 균등하게 쌍으로 붙어 있다. 어느 한쪽에만 운동 기관이 있을 경우 진행 방향을 조절할 수 없다.

원래는 하등동물에서 시작한 좌우 대칭의 모습이 진화 과정에서 물고기를 거친 후 양서류, 파충류, 포유류의 네발동물을 지나서 두 발로 일어선 우리 인간의 모습에도 계속 이어지고 있는 이유가 이에 있다.

좌우 대칭은 동물들에게만 있는 것이 아니다. 인간이 만든 기계 중에도 풍경을 탐색하면서 움직이는 것들은 모두 좌우가 대칭이다. 자동차가 그렇고 배가 그렇고 비행기가 그렇다. 이런 좌우 대칭의 외모는 우리 신체의 내부에도 반영되어 뇌, 허파, 신장, 고환, 난소 모두 좌우로 갈라져 한 쌍씩 배치되어 있다.

동물들의 좌우 대칭. 동물이 전진할 경우 풍경을 좌우로 균등하게 가르기에 감각 기관과 운동 기관 모두 좌우 대칭의 모습을 갖는다.

섬(Dvīpa). 강물(Ap)이 둘(Dvi)로 갈라지는 곳(왼쪽). 좌우 대칭인 자동차. 풍경을 가르며 전진하는 자동차 역시 동물과 마찬가지로 좌우 대칭의 모습을 한다(오른쪽).

우리 몸의 모습은 조물주 따위가 만든 것이 아니다. 오랜 세월의 풍화 작용을 거쳐서 기기묘묘한 암석이 만들어지듯이 '식욕과 음욕의 번뇌'와 '변화하는 자연 환경'이 만나서 조형造形해낸 모습일 뿐이다.

우리의 마음을 이러한 '동물적인 몸'에 대한 집착에서 벗어나게 한다는 점에서 모든 종교의 가르침은 공통되는데 불교 수행의 목표는 그 극極에 있다. 이를 '아뇩다라삼먁삼보리Anuttara-samyak-sambodhi'라고 부른다. 무상정등각無上正等覺이라고 한역되며 '보다 더 위의 것이 없는 완전한 깨달음'이란 뜻이다. 몸이든 마음이든, 감성이든 인지認知든 동물성에서 완전히 벗어난 경지다. 탐욕과 분노와 같은 동물적 감성에서 벗어나고, 세상을 흑백논리로 바라보는 동물적 인지에서 벗어난 경지다. 불교 수행을 통해 이를 체득하려면 우리는 먼저 우리가 씻어내야 할 동물성을 직시해야 한다. 좌우 대칭 역시 '먹이를 찾아 전진하는 탐욕의 동물성'이 빚어낸 우리 몸의 모습 가운데 하나다.

7 신 과일을 보면 침이 **고이는** 이유는?
_ 쉰 음식과 위산을 희석하고 중화하는 반사작용

'망매지갈望梅止渴'이란 고사성어가 있다. 문자 그대로 풀면 '매실을 기대하여 갈증을 그친다'는 뜻인데 '상상을 통해 어려움을 극복하는 것'을 은유한다. ≪삼국지≫에서 조조曹操가 남쪽으로 정벌에 나섰을 때 날이 더워서 병사들이 갈증에 시달리자 "저 너머에 매실 나무가 있다."고 말하여 입에 침이 고이게 함으로써 갈증을 해소시켜주었다는 일화에서 유래한다. '매림지갈梅林止渴'이라고 쓰기도 한다. 요즈음은 수입 농산물이 넘쳐 나기에 매실보다는 레몬이나 자몽 같은 외래 과일을 보면 입에 침이 고일 것이다.

신 과일을 보거나 먹을 때 입에 침이 가득 고인다. 너무 실 때는 진저리를 치며 얼굴이 일그러진다. 양 볼이 아릴 정도로 이하선耳下腺이

레몬을 씹은 아기. 안면근육으로
침샘을 쥐어짜는 표정이다.

부풀면서 많은 양의 침이 분출되기도 한다. 침샘 가운데 큰 것으로 이
하선 이외에 턱밑 양쪽의 악하선과 혀 아래의 설하선이 있다. 레몬과
같은 신 과일을 씹었을 때 우리는 '독특한 표정'을 짓게 되는데, 기능
적으로 보면 이는 안면근육으로 이런 침샘들을 쥐어짜는 모습에 다름
아니다.

침은 음식이 목구멍으로 잘 넘어가도록 매끄럽게 만들고, 침 속에
있는 소화효소는 음식을 분해하여 쉽게 흡수되도록 한다. 윤활 작용
과 소화 작용은 침의 일반적인 기능이다. 단 것이든 짭짤한 것이든 음
식을 먹을 때에는 침이 많이 분출된다. 그런데 유독 신 음식이나 과일
을 먹을 때에 침이 더 많이 나오는 이유는 무엇일까?

신맛에 분출하는 침은 침의 일반적인 기능을 넘어서 입안의 유해 물
질을 중화시키고 희석시키는 기능을 한다. 혀에 '신맛'이 돌 때 침이 분
출하여 입안을 씻어낸다. 몸에 해로운 독초나 덜 익은 과일 중에도 신
맛이 나는 것이 있지만, 인간들이 가장 빈번하게 접하는 '해로운 신맛'

은 '상한 음식, 쉰 음식의 신맛'이었다. 지금이야 집집마다 냉장고가 있기에 상한 음식을 먹을 기회가 거의 없지만 수십 년 전만 해도 여름날이면 밥이 쉬는 일이 흔했다. 쉰 정도가 약하면 물로 헹구어 어른들이 먹었고, 심하면 옷에 풀을 먹이는 데 썼다.

음식이 쉬면 신맛이 난다. 우리 몸에 좋게 쉬면 '발효했다'고 말하고, 해롭게 쉬면 '썩었다'고 말하지만, 발효한 것이든 썩은 것이든 미생물의 활동으로 변질된 음식이라는 점에서는 다를 게 없다. 김치, 요구르트, 청국장, 치즈, 식초 등은 대표적인 발효 식품들로 몸에 이롭다. 그러나 상한 음식에서 신맛이 나면 얼른 뱉어내야 한다. 입안에 남은 찌꺼기도 모두 씻어내야 한다. 이하선, 설하선, 악하선 등에서 침이 쏟아져 나온다. 침으로 희석된 유해 물질을 퉤퉤거리며 뱉는다. 상한 음식의 신맛. 신맛에서 침이 특히 많이 분출하는 가장 큰 이유다.

상한 음식 다음으로 우리 입에서 자주 느껴지는 '해로운 신맛'은 위액의 신맛이다. 음식물이 식도를 타고 위 속으로 들어가면 강산성인 위액이 분비되어 음식물을 분해한다. 혈액 속으로 흡수되기 쉽게 만드는 것이다. '소의 위장천엽'을 먹으면 위산에 녹아 분해되지만, 우리의 위장은 스스로 분비하는 위산의 해를 입지 않는다. 계속 분출하는 점액이 위벽을 보호하기 때문이다.

그런데 스트레스 등으로 인해서 위액이 과도하게 분비되거나 폭음暴飮으로 점액이 씻겨나가면 위산이 위벽을 직접 자극하여 염증이나 궤양이 생긴다. 속이 쓰리다. 맵거나 짠 음식이 헌 위벽에 닿을 때 더욱 그렇다. 위액의 원래 역할은 단백질을 소화시키는 것이지만, 용심用心이나 섭생攝生을 잘못하여 위액이 너무 많이 나오면 위의 내벽까지 소화消化하여 헐게 만드는 것이다.

또, 위액이 역류하여 식도에 염증이 생기는 경우도 있다. 역류성 식도염이다. 드물긴 하지만 그대로 놔둘 경우 식도암으로 악화될 수도 있다. 위산이 역류하여 신맛이 느껴질 때 입에 고인 침을 삼키면 위산이 묽어진다. 침은 약알칼리성이기에 다소나마 위산을 중화시키는 작용도 한다. 병변이 예방된다. 위산이 역류하여 식도를 타고서 목구멍까지 올라와서 신맛이 느껴질 때 보다 많은 양의 침을 삼킨 사람들이 오래 생존할 확률이 높았을 것이다. 2세도 남보다 조금 더 많이 둘 수 있었을 것이다.

지금의 우리 몸은 이런 식의 '적자생존'을 통해서 장기간에 걸쳐 개량된 유전자에서 발현된 것이다. "털끝만큼의 차이가 있어도 (시간이 지나면) 하늘과 땅처럼 벌어진다."[14]는 격언이 있다. 진화생물학의 원리와 부합하는 《신심명信心銘》[15]의 가르침이다. 상한 음식의 신맛과 시큼한 위산의 역류. 털끝 같이 사소한 일이지만 신맛에 침을 많이 흘리게끔 우리 몸의 미각 체계를 진화시킨 원인이다.

모든 것은 연기緣起한다. 조건에 의해서 형성되는 것이다. 인간의 몸이나 감성, 습관 모두가 그렇다. '신 것에 대해서 특히 침을 많이 흘리

---

14   毫釐有差 天地懸隔(호리유차 천지현격)

15   중국 선종(禪宗)의 제3조 승찬(僧璨) 대사의 저술.

는 반응'이 인간의 몸에 원래 내재해 있는 것이 아니다. '불변의 실체'가 있는 것이 아니란 말이다. '욕망과 몸, 그리고 환경의 상호작용'을 통해서, 다시 말해 '진화의 솎아내기'를 통해서 점차적으로 우리의 DNA에 각인된 '무조건반사'의 한 예다. '거시적巨視的으로 진행된 연기緣起'의 결과물이다.

8　진화론은 **연기론**이다

_ 생명의 기원과 모습에 대한 정견

불전에서는 세상 만물의 성립에 대한 다른 종교인들의 잘못된 생각들을 다음과 같이 나열한다.

만물이 대자재천(大自在天)에서 생겼다고 말하는 사람도 있고, 위쉬누천 (Viṣṇu天)에서 생겼다고 말하는 사람도 있으며, 화합(和合)에서 생겼다고 말하는 사람도 있고, 시간에서 생겼다고 말하는 사람도 있으며, 근본 물질에서 생겼다고 말하는 사람도 있고, 변화에서 생겼다고 말하는 사람도 있으며, 자연히 생겼다고 말하는 사람도 있고, 원자들이 모여서 생겼다고 말하는 사람도 있다."[주3]

미켈란젤로 작, 〈아담의 창조〉. 아직도 많은 사람들이 신화와 사실을 혼동한다.

부처님께서는 이 모두를 비판하시면서 모든 것은 연기緣起한 것이라고 가르치셨다. 찰스 다윈의 진화론이 발표된 지 150년이 넘었지만, 아직도 유대교나 가톨릭, 개신교나 이슬람교와 같은 '셈족의 종교Semitic Religion' 경전인 《구약성경》에 실린 '창세기' 신화를 곧이곧대로 신봉하는 사람들이 있다. 심지어 그 과학성을 입증하겠다면서 단체를 만들어 운영하기도 한다. 그러나 이는 예수님의 가르침에도 거스르는 일일 것이다. 기독교의 핵심은 구약성경에 기록된 '창조론의 신화'가 아니라 신약성경에서 가르치는 '사랑의 실천'에 있다.

부처님께서도 그렇게 가르치셨지만, 우리가 매일매일 목격하듯이 모든 것은 연기緣起한다. 조건에 의존하여緣 발생하며起, 조건이 모여서 일어나고, 조건에 따라서 변화한다.

예를 들어, 내 말소리에 실체가 있는 것이 아니다. 허파를 압축하여 뿜어내는 '공기의 세기', '성대의 떨림', '혀 놀림', '입술의 달싹거림', 그리고 소리가 전파되는 매질인 '공기', 이것을 듣는 사람의 '귀고막'와 '주의력' 등 여러 조건들이 모여서 발생한 것이다. 이 가운데 어느 하나만 결여되거나 변해도 소리가 나지 않거나 소리가 달라진다. '내 말소리'는 이렇게 연기한 것이다. 여러 가지 인연이 모여서 만들어진 것이다.

내가 어떤 방에 들어갔는데 "참으로 큰 방이다."라는 생각을 할 수가 있다. 그러나 그 방은 원래 큰 것이 아니다. 내가 '작은 방'을 염두에 두고서 그 방에 들어갔기에 '크다'는 생각이 떠오르는 것이다. '크다는 생각'은 '작은 방'이라는 생각에 의존하여 발생한 것이다. 연기한 것이다.

인간을 포함한 모든 동물의 '몸'도 마찬가지다. 지금의 모습들이 원래 이랬던 것이 아니다. 자연과 먹이와 포식자와의 관계 속에서 갖가지 모습의 '고기 몸肉體, 肉身'들이 출현했지만 굶거나 다치거나 먹히는 위기를 만나 많은 개체들이 솎아질 때, 적절한 변형이 일어나서 살아남은 '백전노장百戰老將'들의 모습이다. 자연선택Natural Selection을 통해 연기緣起한 적자適者들의 모습이다. 같은 종 내에서는 짝짓기를 위한 몸과 몸의 투쟁이 일어난다. 수컷들 간의 싸움이다. 승자의 유전자가 널리 퍼진다. 성선택Sexual Selection의 연기다. 욕망과 환경이 만나 중생의 몸을 빚어내는 진화의 연기다.

모든 것은 변한다. 제행무상諸行無常의 가르침이다. 불전에서는 행行, Saṃskāra⑤을 유위법有爲法, Saṃskṛta⑤이라고도 쓴다. '조건이 모여서 Sam 만들어진 것Kāra, Kṛta'이란 뜻이다. '연기한 것'이란 뜻이다. 연기한 모든 것들은 조건이 흩어지면 사라지고 조건이 변하면 새로운 것으로 변한다. 그래서 무상하다. 제행무상의 참뜻이다. 우리 몸의 모습도 마찬가지다. 환경과 욕망과 투쟁의 조건이 모여 빚어지고, 그런 조건의 변화와 함께 진화한다. 진화론은 생명의 몸에서 연기적으로 일어나는 거시적巨視的 과정에 대한 과학적 통찰이다. 연기론의 각론各論 가운데 하나다.

　　　　　　최근 들어 젊은이들 사이에서 뇌졸중 환자가 급증하고 있다고 한다. 뇌졸중은 한의학에서 중풍이라고도 부르는 질환이다. 고혈압 등으로 뇌혈관이 터지거나 고지혈증으로 뇌혈관이 막혀서 뇌의 운동중추가 손상되면 그 신경과 연결되어 있던 근육의 기능이 정지한다. 뇌 손상의 위치에 따라서 어느 한 쪽 팔다리에 마비가 일어나고 말도 어눌해진다. '기능을 하는 수족手足'으로 '기능이 정지된 수족'을 끌고 다녀야 한다. 굳은 의지를 갖고 꾸준히 운동을 하면 신체 기능이 어느 정도는 회복된다고 한다.

　　뇌에 조금만 이상이 생겨도 우리 몸에 큰 변화가 온다. 뇌와 몸을 연결시키는 신경은 방향에 따라 두 종류로 구분된다. 몸에서 뇌로 들

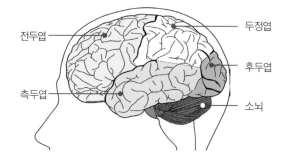

전두엽

측두엽

두정엽

후두엽

소뇌

눈에 보인 모습은 후두엽에 회로를 형성하고, 귀에 들린 소리는 측두엽에 회로를 형성한다.

어가는 구심성求心性 신경과 뇌에서 몸으로 나오는 원심성遠心性 신경의 두 종류다. 안眼, 이耳, 비鼻, 설舌, 신身의 오근五根, 즉 '눈, 귀, 코, 혀, 몸피부, 근육, 장기'의 다섯 가지 감각기관에서 들어오는 '자극과 정보'가 '전기 신호'로 바뀌면 이를 뇌로 전달하는 '단백질 전선電線'이 구심성 신경이다. 그리고 의식적이든 무의식적이든 우리가 어떤 행동을 할 때에는, 뇌나 척수에서 출발한 전기 신호가 원심성 신경을 통해 근육으로 전달되어 몸을 움직이게 만든다. 불교적으로 해석하면 구심성 신경을 통해 과보果報를 받고, 원심성 신경에 의해 새로 업業을 짓는다. 눈으로 들어온 시각 정보는 뒤통수의 후두엽에 신경회로를 형성하고, 귀로 들어온 청각 정보는 귀 위쪽의 측두엽에 회로를 형성한다. 눈은 멀쩡해도 뇌의 후두엽이 손상되면 시각 장애가 오고, 귀가 멀쩡해도 측두엽을 다치면 청각에 이상이 생긴다.

　그런데 몸과 감관에서 뇌로 들어오는 구심성 신경이든, 뇌에서 근육으로 나가는 원심성 신경이든 척수 상방이나 연수 등에서 교차

Decussation하여 반대쪽의 뇌와 연결된다.[16] 냄새를 담당하는 후각신경
과 혀에서 출발하는 미각신경을 제외하고 대부분 그렇다.[17] 그래서 뇌
졸중 환자의 경우 뇌출혈이나 뇌경색이 오른쪽 뇌에서 일어나면 왼쪽
몸을 못 쓰게 되고, 왼쪽에서 일어나면 오른쪽 몸이 마비된다. 그러면
이렇게 신경교차가 일어나는 이유는 무엇일까?

'현대 뇌과학의 아버지'라고 불리는 스페인의 카할Santiago Ramon y
Cajal, 1852~1934은 〈시신경교차의 구조와 신경 경로의 교차에 대한 일반
이론〉[주4]이라는 논문에서 이렇게 신경이 교차하는 근원이 시각視覺의 특
수성에 있다고 보면서 다음과 같이 설명한다.

그림[주5] 가운데 왼쪽(A)은 '시신경이 교차하지 않는다'고 가정假定하
고 구부러진 화살을 보고 있는 사람의 두개골 속 눈알과 시신경 다발,
그리고 후두부의 시각중추를 위에서 내려다 본 투시도다. 그림에서 화
살은 세 종류다. ①눈앞에 놓인 구부러진 화살, ②두 눈 각각의 망막
에 비친 화살의 영상, 그리고 ③뇌의 후두부 시각중추에 반영된 화살
의 모습이다. 바늘구멍 사진기에서 그렇듯이 동공으로 들어온 화살의
영상은 망막에 거꾸로 비친다. 그렇게 좌우가 바뀐 영상이 그대로 시신
경을 타고 후두엽의 시각중추에 반영된다면, 그림 A의 ③에서 보듯이
화살의 머리와 꼬리가 맞닿은 엉터리 화살이 되고 만다. 그러나 그림 B

---

16 시신경 교차는 대뇌 하부의 뇌하수체 바로 앞에 위치하고, 청각 신경은 연수에서 교차하며, 촉각 신경의
경우 일반적인 촉각 신경은 연수 상부에서 교차하지만 통증과 온도 감각의 촉각 신경은 척수 상부에서
교차한다. 운동 신경은 연수에서 교차한다.
17 후각 신경과 미각 신경은 뇌의 동측(同側)에 투사한다.

A. 시신경이 교차하지 않는다면

① 눈 앞의 화살

② 망막에 비친 화살 영상

③ 대뇌피질 후두엽에 전달된 화살 영상

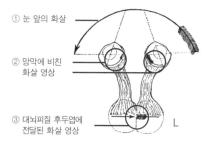

B. 시신경 교차와 신경망의 순응

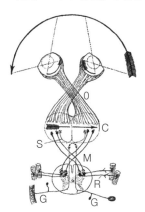

신경 교차를 설명하기 위한 카할의 도해.

에서 보듯이 시신경이 교차하여 후두부의 시각피질에 영상을 투사하면 화살은 매끄럽게 이어진 모습으로 보일 것이다.

진화의 과정에서 눈이 형성되면서 시신경의 교차가 잇따랐고, 오른쪽의 그림 B에서 보듯이 시신경의 교차에 순응하여 '감각 신경'과 '운동 신경' 모두에서 좌우의 교차가 이어졌다. 대뇌에서 이들 신경들과 시각 신경 사이의 거리가 가까워지는 방향으로 진화한 것이다. 시각으로 확인한 외부 자극에 대해 청각, 촉각 등의 감각 신경[18]들이 신속하게 공조

---

18 다섯 가지 감각 가운데 시각(眼根, 눈), 청각(耳根, 귀), 촉각(身根, 몸)은 그런 감각의 발생 위치가 함께 파악되어야 하기에 시신경의 교차에 순응하는 것이 유리하다. 그러나 후각(鼻根, 코)은 좌우 콧구멍의 거리가 가깝기에 냄새의 발원지를 탐색하기 힘들다. 냄새나는 곳을 알려면 킁킁거리면서 고개를 돌리고 몸을 움직여 봐야 한다. 또, 미각(舌根, 혀)의 경우 주로 입 안에서 느껴지기에 특정 미각의 공간적 위치를 파악하는 것이 무의미하다. 따라서 후각 신경과 미각 신경의 경우 시신경 교차에 순응할 이유도, 필요도 없었다.

하고, 사지 근육을 담당하는 운동 신경이 보다 빠르게 반응해야 생존에 유리하기 때문이다. 뇌신경에서 좌우가 바뀌게 된 이유에 대한 카할의 해석이다.[주6]

10 먹거리로 스트레스를 **푸는** 이유는?

_ 우리 마음에 각인된 구석기 시대의 습성

스트레스는 '압박'이나 '긴장'이라고 번역된다. '물건에 가해지는 파괴적인 힘'을 의미하는 공학용어이기도 하지만, 일반적으로 '외적外的인 원인으로 인해서 마음이 편치 못한 것'을 '스트레스'라고 부른다. 비만의 원인에 여러 가지가 있겠지만, 스트레스도 그중 하나라고 한다. 먹을 것으로 스트레스를 풀기 때문이다. 스트레스를 받을 때마다 군것질을 하고 폭식을 하니 살이 안 찔 수가 없다. 그러나 포식하고 나면 스트레스가 해소된다. 왜 그럴까? 우리의 몸과 마음에서 일어나는 일들을 '있는 그대로' 통찰하려면 구석기 시대 사람들의 몸과 마음, 그리고 당시 자연 환경을 상상해 봐야 한다.

참새든, 늑대든, 사슴이든, 호랑이든, 토끼든, 코끼리든, 들쥐든, 야생의 모든 동물들은 매일매일 굶주림의 고통 속에서 살아간다. 인간의 삶에 빗대어 표현하면 '모든 야생의 동물들은 찢어지게 가난하다'. 아침에 눈을 뜨면 먹이를 찾아 헤매야 한다. 사자 같은 맹수도, 늙고 병들어 기력이 쇠하면 먹이 구하기가 쉽지 않다. '굶주림의 고통'이다. 강자든 약자든, 육식이든 초식이든 영장류를 포함한 모든 야생 동물의 보편적 고통이다. 원시에서 막 벗어나기 시작한 구석기인 역시 그랬다.

지금 우리의 이 몸은 구석기 시대 사람들의 몸과 거의 차이가 없다. 목욕을 하여 체취를 없애고, 머리를 다듬고, 옷으로 몸을 가려서 마치 짐승과 전혀 다른 존재인 것처럼 가장을 하고 있지만, 인간 역시 '매일매일 먹어야 살고, 교미를 하여 새끼를 낳고, 젖을 먹여 키운다'는 점에서 그저 포유류에 속한 하나의 '종種'일 뿐이다. 인간이 최강의 포식자로 등극한 이유는 오직 한 가지, '언어를 통한 문명의 누적적 전승' 때문이다. 한 시대의 문명이 '정밀한 상징 체계'인 언어와 문자를 통해 집대성되어 계속 다음 세대로 전수되면서, 온갖 기계와 기구, 제도와 문화를 만들어내어 생명의 세계에서 최강자로 등극한 것일 뿐이다. 문명의 전수가 끊어지고 언어가 단절되면 바늘 하나, 종이 한 장 못 만드는 것이 인간의 참 모습이다. 인간 몸의 진화는 문명의 발전 속도만큼 빠르지 못했다. 몸의 구조는 오랑우탄이나 고릴라, 침팬지 등 야생의 유인원과 크게 다를 게 없지만 생존 환경은 급격히 변했다.

현대 문명이 아무리 발달했어도 우리의 유전 인자에는 구석기 시대의 잔재가 거의 그대로 남아 있다. 구석기인으로 살아갈 때 스트레스

먹이를 찾는 원숭이(왼쪽). 참새든, 호랑이든, 토끼든 원숭이든 모든 들짐승은 찢어지게 가난하다. 뷔페 음식(오른쪽). 최강의 포식자인 인간들의 호사스러운 성찬.

의 가장 큰 원인은 다른 동물과 마찬가지로 '먹지 못할 우려'였다. 천재지변 등의 위험이 닥치면 먹이를 구하기 힘들어진다. 며칠을 굶다가 죽을 수도 있다. 불안해진다. 스트레스가 생긴다. 우선 무엇이라도 먹어두는 것이 안전하다. 무언가 먹어야 안심이 된다. 생존 가능성이 높아지기 때문이다.

진화론적으로 설명하면 스트레스를 받았을 때 많이 먹어둔 습성을 가진 사람들이 보다 많이 살아남았고, 우리 역시 그들의 유전자를 물려받은 후손이기에 스트레스를 받을 때 무엇을 먹어야 안심이 되고 마음이 편안해지는 습성이 남아 있는 것이다. 다만 스트레스의 주된 원인이 '자연'에서 '사회'로 바뀌었을 뿐이다. 오늘날에는 다이어트라는 말이 일상어가 될 정도로 먹을 것이 넘쳐나지만, 물리학의 '관성'과 같이 구석기인의 '생존 습성'이 아직도 남아 스트레스를 먹거리로 푼다. 현대인의 고질병, 비만의 원인 가운데 하나다.

11 물고기가 알을 많이 낳는 이유는?

_ 보호받지 못하는 생명체의 생존전략

사람과 개구리, 사자와 바퀴벌레, 코끼리와 고등어, 독수리와 거북이, 원숭이와 나비, 갈매기와 고양이는 그 모양이 제각각이지만 모두 동물에 속한다. 이들에게는 공통점이 있다.

첫째, 풍경을 좌우로 균등하게 가르며 진행하기에, 그에 맞추어 감각기관과 운동기관이 좌우 대칭의 쌍을 이룬다. 이들 동물이 이동하는 제1의 목적은 먹이를 찾기 위한 것이다. 매일 먹어야 몸이 유지되기 때문이다. 식물은 정지한 채 양분을 흡수하는 반면, 동물은 이동하면서 먹이를 찾는다. 그래서 한 곳에 '심어져 있는植 것'인 '식물'이고, 여러 곳으로 '움직이는動 것'은 동물이다.

둘째, 이목구비가 모두 얼굴에 몰려 있다. 음식을 넣는 입속의 혀,

나비의 알. 부화해도 대부분 포식자의 먹이가 되고 몇 개만 성체로 살아남는다.

그리고 그 주변의 코와 눈이 진화의 과정에서 차례로 형성되었다.

셋째, 이들 모두 태어났다가, 노쇠했다가, 병들었다가, 반드시 죽는다. 생로병사의 숙명이다.

넷째, 이들 모두 암수가 만나 교미를 하어 새끼를 낳는다. 언젠가 죽고 말 운명이지만, 교미를 통해서 2세를 생산하여 자기 종種을 이어간다.

다섯째, 이 세상에 태어날 때에는 모두 한 점의 수정란에서 시작한다. 인간을 포함하여 포유류의 수정란은 크기가 0.1mm 내외다. 깨알 하나를 열 등분한 크기다. 유전자가 담긴 부분은 그보다 훨씬 작다. 새나 물고기, 곤충의 경우 알을 낳아 번식한다. 타조알이 크지만 대부분은 영양공급원인 '난황卵黃'과 '난백卵白'이며 유전자가 있는 부분은 포유류의 수정란과 마찬가지로 한 점 크기에 불과하다.

포유류든 조류든, 어류든, 곤충이든 인간을 포함한 모든 생명의 몸은 '유전자가 담긴 한 점'에서 자라난다. 어떤 한 점은 어미의 자궁 속에서 크다가 태어나 어미의 젖을 먹고 보호를 받으면서 성장한다. 인간이나 들쥐, 토끼와 같은 포유류다. 어떤 한 점은 알로 태어나서 부화한 후 어미의 보호를 받으며 큰다. 참새나 까치, 오리와 같은 조류다. 어떤 한 점은 알로 태어났지만, 어미는 어디론가 떠나버렸기에 홀로 부화하여 먹이를 구하고 위험을 피하면서 거친 세상을 살아가야 한다. 연어와 같은 물고기, 개구리와 같은 양서류, 거북이와 같은 파충류, 파리나 잠자리, 모기와 같은 곤충들이다. 생명의 세계에서 가장 많은 수를 차지한다. 이들은 자기에게 어미가 있는 줄도 모른다. 장구벌레는 모기가 자기 어미인 줄 모르고, 올챙이는 개구리가 자기 어미인 줄 모른다.

양질의 단백질인 알은 포식자의 손쉬운 먹잇감이 된다. 어미의 보호를 받지 못하는 물고기나 곤충의 알은 더욱 그렇다. 운 좋게 포식자의 눈을 피해 부화한 알들도 성장하기 전에 대부분 먹히고 만다. 성체가 될 때까지 살아남는 것은 몇 개뿐이다. 물고기와 곤충의 '영아사망률'은 상상을 초월한다. 진화생물학적으로 표현하면, 포식자가 싹쓸이하지 못할 정도로 알을 많이 낳는 물고기와 곤충만이 후손을 남긴다.

《잡아함경》[19]에 실린 부처님의 가르침이 새삼 가슴에 와 닿는다.

---

19 《잡아함경(雜阿含經)》. 부처님의 근본 가르침이 담긴 초기 불전 가운데 하나로, 여기저기 흩어진 부처님의 가르침들을 주제별로 묶어서 정리해 놓았다. 남방 상좌부의 《상윳따니까야(Saṃyutta Nikāyaⓟ)》에 해당한다. 상윳따는 '함께(Sam) 묶음(Yuttaⓟ, Yuktaⓢ)'이란 뜻이고 '니까야'는 '부(部)'라는 뜻이다. 아함경 중에는 이외에 '길이가 긴 경을 모은 《장(長)아함경》, '중간 길이의 경을 모은 《중(中)아함경》과 '가르침과 관련된 수자에 따라서 '하나와 관계된 가르침', '둘과 관계된 가르침' 등 순차적으로 수를 증가시켜 가면서 정리한 《증일(增一)아함경》이 있다. '아함'이란 산스끄리뜨어 아가마(Āgamaⓢ)의 음사어로 전승(傳承)을 의미한다.

부처님께서는 손톱 위에 흙을 얹은 후 제자들에게 다음과 같이 말씀하셨다.

> 부모가 있는 줄 아는 생명은 손톱 위의 흙과 같이 적고, 부모가 있는 줄 모르는 생명은 대지의 흙처럼 많다.[주7]

새들은 알에서 부화하지만 어미의 보호를 받으며 큰다. 그러나 새들 이외에 알을 낳는 생명체 대부분은 자기 새끼들을 지켜주지 못한다. 곤충이나 물고기가 알을 많이 낳는 이유다. 내 의식이 깃든 한 점 크기의 '수정란'이 이렇게 '인간의 몸'이었던 것은 생명의 세계에서 참으로 희귀한 일이다.

12 검은 피부에서 배우는 생활의 지혜

_ 선크림을 대신하는 멜라닌 색소

"클레오파트라의 코가 조금만 낮았어도 세계는 변했을 것이다." 파스칼Pascal, 1623~1662의 수상집인 《팡세》에 나오는 말이다. 뛰어난 미모로 고대 지중해의 정치를 뒤흔들었던 이집트의 여제女帝 클레오파트라 7세69~30 BCE. 영국 출신의 여배우 엘리자베스 테일러가 주연한 영화 〈클레오파트라〉 때문에 우리들은 그녀가 백인이었을 것이라고 착각하지만, 클레오파트라 연구자인 케임브리지 대학의 애시턴Ashton 교수가 여러 사료史料들을 종합하여 복원한 모습을 보면 진갈색 피부에 곱슬머리다. 영국의 BBC 방송에서 이를 3D 영상으로 만든 적이 있는데 그림의 아프리카 소녀의 모습과 많이 닮았다.

이집트에 프톨레마이오스 왕조를 창시한 클레오파트라의 선조는 이

백인 여배우 엘리자베스 테일러가 클레오파트라로 분장한 모습(왼쪽)과 영국의 BBC에서 복원한 클레오파트라의 모습과 많이 닮은 어느 에티오피아 소녀(오른쪽).

집트를 점령한 알렉산더 대왕336~323 BCE 휘하의 장군으로 그리스 출신의 백인이었지만, 7대로 내려오면서 이집트인과의 혼혈이 일어났다는 것이다. '진갈색 피부에 곱슬머리 여인'이 로마와 이집트 권력자들의 마음을 뒤흔들었다는 것이 지금의 미의 기준으로는 잘 이해되지 않는다.

셈족의 종교관을 혁명적으로 변화시킨 예수의 인종 역시 마찬가지다. 유럽 남부의 오래된 성당이나 수도원에 가면 흑인 예수를 안고 있는 성모상을 많이 볼 수 있다. '블랙 마돈나Black Madonna'라고 부른다. 흑인 성모상을 모신 성당은 프랑스에만 180여 군데가 있으며 유럽 전체에 450곳이 넘는다고 한다. 72쪽에 실린 그림의 왼쪽은 스페인 몬트세라트Montserrat 산의 산타마리아 수도원에 모셔진 흑인 성모상이다. 흑인 성모상의 유래와 이유에 대해서는 의견이 분분하다. 성모자상을 만

블랙 마돈나와 예수. 흑인 성모상을 모신 성당은 유럽 전체에 450곳이 넘는다(왼쪽). 베타 이스라엘. 에티오피아 남부에서 발견된 흑인 유대인 집단(오른쪽).

든 나무가 흑단 등의 검은 색이기 때문에 그렇다거나, 너무 오래되어 촛불에 그을려 검게 변한 것이라거나, 이집트의 이시스Isis 여신상에서 유래하기 때문이라고 설명하기도 하지만, 예수와 마리아가 원래 흑인이 었다는 주장이 가장 설득력을 갖는다.

기원전 300년 무렵부터 그리스와 로마의 지배를 받아왔기에 지금은 백인과의 혼혈이 많아졌지만, 피라미드의 벽화에서 보듯이 이집트와 그 인근 지역의 인종은 원래 피부가 검고 입술이 두툼한 흑인이었다. 또 에 티오피아 남부 지역에서 발견된 '토종 유대인'인 '베타 이스라엘' 역시 흑 인 집단이다. 최근에 고고학적 발굴을 통해서 예수를 추종했던 막달라 마리아와 그 자매들의 무덤이 발견되었는데 이들의 유골에서 유전자를 조사하니 모두 완벽한 흑인들이었다고 한다. 눈이 파랗고 머리가 노란 지금의 예수상, 성모상은 중세 유럽인들이 게르만족의 모습으로 포장한 허구의 초상들이다.

이제는 상식이 되었지만 피부색이 희거나 검은 것은 인종적인 우열의 차이와 무관하다. 노예무역 이후 흑백의 인종차별이 심해졌을 뿐이다. 이집트의 피라미드에서 보듯이 고대세계에서 최고의 문명을 이룩한 인종은 흑인종이었다. 또 ≪문명의 충돌≫의 저자 새뮤얼 헌팅턴Samual P. Huntington, 1927~2008이 말하듯이 당, 송, 원나라에 이어 명나라 초기까지 동아시아는 유럽을 능가하는 세계 최고의 문명권이었다. 우리나라의 신라와 고려, 그리고 조선 시대 초기 역시 이에 포함된다. 콜럼버스 이후 잔혹한 강탈을 통해 유럽 면적의 네 배나 되는 아메리카 대륙의 어마어마한 재화가 쏟아져 들이오면서 서구인들이 세계사의 주도권을 잡게 된 것일 뿐이다. 부처님께서 가르치셨듯이 혈통이나 인종으로 사람의 우열이 결정되지 않는다. 흑인종도 아름답고, 백인종도 아름답고, 황인종도 아름답다.

그러면 햇볕을 많이 쬘 때 피부가 검게 변하는 이유는 무엇일까? 피부 세포에서 멜라닌 색소가 생성되어 몸 전체를 코팅하기 때문이다. 멜라닌 색소가 선크림과 같은 역할을 하는 것이다. 자외선을 너무 많이 쬐면 피부 세포가 빨리 노화하거나 피부암과 같은 질병을 일으킨다. 그러나 피부에 검은 멜라닌 색소가 침착되면 많은 빛을 흡수하여 속살이 보호된다. 다시 말해 햇빛이 강할 때 피부 세포에서 멜라닌이 생성되어 피부가 검게 변한 사람이 적자適者로서 보다 오래 생존한다.

여름에 햇살이 강하면 양산이나 모자로 빛을 가린다. 참으로 화사한 양산이 많지만, 진화생물학적으로 볼 때 검은 양산을 사용하는 것이 가장 실용적이다. 흑인들의 검은 피부가 자외선 차단에 가장 효과적이듯이 검은 양산이 빛을 가장 잘 차단한다. 검은 피부에서 배우는 생활의 지혜다.

13 울긋불긋 기기묘묘한 생명의 모습

_ 비교를 통해 발생하는 신비함의 착각

동물이든 식물이든 생물의 세계는 참으로 다채롭고 다양하다. "빨간 꽃 노란 꽃 꽃밭 가득 피어도, 하얀 나비 꽃나비 담장 위에 날아도~"라는 노래 〈사계〉의 가사처럼 빨주노초파남보, 온갖 색깔의 꽃과 곤충들이 있다. 하나하나 살펴보면 모양도 가지가지다. 민들레, 장미, 벚꽃, 수선화, 개나리, 채송화, 잠자리, 무당벌레, 개미, 사슴벌레⋯⋯. 참으로 기기묘묘하다.

속담에서는 '뛰는 놈 위에 나는 놈 있다'지만, 생명의 세계에는 '뛰는 놈'과 '나는 놈'만 있는 것이 아니라 '기는 놈'도 있고 '헤엄치는 놈'도 있다. 먹이를 쫓는 사자와 도망치는 사슴은 뛰지만, 지렁이와 두꺼비는 기고 물고기와 자라는 헤엄친다. 이런 생명의 모습을 보고 있으면, '누

사막에 핀 선인장 꽃(왼쪽). 밋밋한 사막을 배경으로 삼기에 조물주가 만든 것 같다는 착각을 일으킨다. 사방 2mm 면적의 고비 사막 모래알(오른쪽). 밋밋한 모래 역시 현미경으로 보면 하나하나가 화려하고 신비롭다.

군가 만든 것 같다'는 생각이 들 수도 있다. 그러나 불교에서는 이런 생각을 '사견邪見'이라고 부른다. '그릇된 세계관'이란 뜻이다. 이런 생각은 비교를 통해 발생한다. 의존적으로 발생한 것이다. '연기緣起'한 것이다.

무엇이든 '만든 것'이라는 생각은 '만들지 않은 것'과 비교할 때 떠오른다. 잘 빚은 만두는 '만든 것'이지만, 밀가루는 '만들기 전의 것'이다. 째깍거리는 시계는 '만든 것'이지만, 그 재료가 되는 철광석은 '만들기 전의 것'이다. '만든 것'은 무언가 다르다. '인공적인Artificial 느낌'이 든다.

사막 한가운데 붉은 선인장 꽃이 피었다. 참으로 화려하고 신비롭기에 '인공적인 느낌'이 든다. 조물주가 '만든 것'이라는 생각이 들 수도 있다. 그러나 이런 '인공적인 느낌'은 '배경'과 '주제'를 바라보는 시점의 차이로 인해서 일어나는 착각일 뿐이다. 밋밋한 모래 사막이 '배경'이 되었기에 '주제'인 선인장이 '인공적'으로 보일 뿐이다. 모래 사막은 무수한 모래알들이 모여서 이루어져 있다. 그 모래알 하나하나 역시 현미경을 통해 보면 붉은 선인장 만큼 신비롭고 화려하다. '인공적인 느낌'을 준다. 전자현미경으로 보면 더욱 휘황찬란하다. 밋밋했던 밀가루와 철광석도 전자현미경으로 보면 수많은 분자들이 얽혀 있는 웅장한 건조물이다. 반대로 기묘한 꽃들이 가득한 꽃밭도 멀리서 바라보면 밋밋한 색깔 덩어리일 뿐, 화려하거나 신비로울 것도 없다. 사람들 역시 그 모습이 제각각이지만, 멀리서 본 군중은 개미떼같이 꼬물거리는 밋밋한 덩어리일 뿐이다. 동굴 속이 여름에는 시원하지만 겨울에는 따뜻하다. 동굴 속의 온도는 변함없지만, 동굴 밖 온도와 비교를 통해서 시원함이나 따뜻함의 의미가 발생한다. 연기緣起한 것이다. 인공적이라거나 화려하다거나 신비롭다는 느낌 역시 실재에 대한 느낌이 아니라 비교를 통해서 생각이 만든 것이다. 연기한 것이다.

세상에 존재하는 모든 것은, 그것을 보는 시점과 거리에 따라 화려해지기도 하고 밋밋해지기도 한다. 초점과 거리를 적당히 맞추면 모든 것이 하나하나 화려하고 신비롭고 인공적으로 보인다. 또는 그와 반대로 모든 것이 밋밋해지는 시점도 있다. 그러나 모든 것이 화려하다면 특별히 화려할 것도 없다. 모든 것이 밋밋하다면 특별히 밋밋할 것도 없다. 모든 것이 신비롭다면 특별히 신비로울 것도 없다. 이 세상은 조물주가 만든 것이 아니다. 연기緣起한 것이다. 비교를 통해서 우리의 생각이 만든 것이다. 일체유심조一切唯心造다.[20]

---

20 '일체(一切)는 오직(唯) 마음(心)이 만든(造) 것'이란 의미로, 불교 교학 가운데 유식학(唯識學)에서 이에 대해 상세하게 논한다.

14   손으로 변한 지느러미

_ 물을 밀치던 살덩이가 인류 문명의 원동력이 되다

개구리나 도롱뇽과 같은 양서류, 악어나 뱀과 같은 파충류, 독수리나 참새와 같은 조류, 그리고 고양이나 사람과 같은 포유류 모두 어류에서 진화하였다. 다시 말해 이들 육상 동물의 공통조상Common Ancestor은 어류였다.

생물계통학에서는 일반적인 어류를 크게 조기條鰭, Ray-Finned어류와 육기肉鰭, Lobe-Finned어류의 둘로 나눈다. 조기어류는 접이부채와 같은 빗살 지느러미를 갖는 물고기로 우리가 흔히 보는 고등어, 도미, 붕어 같은 것들이다. 육기어류는 지느러미가 '살덩어리Lobe, 肉'로 되어 있는데, 대표적인 예가 실러캔스Coelacanth다. 실러캔스는 약 3억 5천만 년 전에 나타났다가 약 7천만 년 전에 멸종한 것으로 알려졌는데, 1938년 인도

실러캔스. 진화의 유혹을 물리치며 3억 5천만 년 동안 이어 온 '생명의 장갑차'다.

양의 코모로 제도 근해에서 발견되어 세상을 놀라게 하였다. 살아 있는 '화석물고기'인 것이다.

실러캔스는 케라틴Keratin 질의 두꺼운 비늘로 덮여 있으며, 아가미와 허파를 모두 사용할 수 있는 '수륙양용의 물고기'로, 전쟁터의 장갑차나 탱크가 온갖 포화를 헤치며 돌진하듯이, 지구 환경 변화의 혹독한 시련을 견디면서 현재까지 그 모습 그대로 살아남아 있는 것이다. 수억 년 동안 진화의 변형을 사양辭讓하며 대를 이어 온 바퀴벌레나 악어와 어깨를 나란히 하는 '생명의 장갑차'다.

육상 척추동물의 선조는 실러캔스와 같은 육기어류였다고 한다. 유전자 분석을 통한 연구에서는 육기어류 가운데 폐어Lungfish가 육상 사지四肢동물의 선조였을 것이라고 추측한다. 육기어류의 지느러미는 속뼈를 가진 두툼한 살덩어리로 되어 있다. 폐가 있기에 물 밖으로 나와도 생존할 수 있고, 지느러미가 골격과 근육으로 되어 있기에 중력을 견디며 몸을 이동시킬 수 있다. 육기어류의 어느 한 종이 깊은 물속의 포식자를 피해서 수심이 얕은 물에서 살아가다가 도롱뇽과 같은 양서류로 진화하였다. 육지에서 몸을 이동할 때 사용하던 가슴지느러미 한 쌍과 배지느러미 한 쌍이 각각 앞다리와 뒷다리로 변한 것이다. 이어서 파충류와 조류, 포유류가 나타났다. 악어의 네 발, 새의 두 날개와 두 다리, 그리고 코끼리의 네 발 모두 기원은 육기어류의 가슴지느러미 한 쌍과 배지느러미 한 쌍이다.

포유류가 다시 진화하면서 나무 위에 사는 무리들이 나타났다. 원숭이와 같은 영장류다. 좁은 틈새도 그렇지만 높은 나무 위도 몸이 작거나 이동 속도가 느린 약자들의 피신처. 나무 위로 오르면서 네 발이 나무줄기를 움켜쥘 수 있는 모양으로 변했다. 뭉쳐 있던 다섯 발가락에서 몸 쪽의 발가락 하나가 벌어지고 커졌다. 엄지손가락과 엄지발가락이었다. 집게처럼 벌렸다 오므리면서 나무줄기를 움켜쥔다. 원숭이, 오랑우탄, 고릴라와 같은 영장류의 손발이다. 그 가운데 영민해진 무리 하나가 나무에서 내려와서 두 발로 걷기 시작했다. 인간의 선조였다. 손의 용도에 여유가 생겼다. 야수를 이기는 각종 무기와 의식주를 위한 온갖 도구를 만들기 시작하였다. 손의 근육은 더욱 정교해지고 감각은 더욱 예민해졌다. 원자탄에서 컴퓨터에 이르기까지 강력하고 화려한 인류 문명을 이룩한 원동력은 '용도 폐기된 앞발', 즉 '인간의 손'이다. 원래는 육기어류의 균형을 잡고 진행 방향을 조절하던 가슴지느러미였다.

15 손톱과 발톱은 어디서 왔나?

_ 지느러미 말단으로 키보드를 두드리다

'열 손가락 깨물어 안 아픈 손가락 없다'는 속담이 있다. 손가락 길이가 들쭉날쭉하듯이 자식들의 성격과 능력이 제각각이지만 부모에게는 모두 다 소중하다는 뜻이다. 열 손가락 가운데 어느 한 손가락만 다쳐도 온 신경이 그리로 쏠린다. 다행히 손톱이 손끝을 보호한다.

우리들은 매일 손으로 참으로 많은 일을 한다. 아침에 일어나면 양치질을 하고, 세수를 하며, 요리를 하고, 밥을 먹으며, 옷을 입고, 단추를 채우고, 가방을 들고, 현관문을 열고 밖으로 나온다. 이 모든 일들을 손과 손가락으로 한다. 키보드를 두드리며 글을 쓰는 이 순간에도 열 손가락이 분주하게 움직인다. 손톱이 없다면 손가락 끝마다 굳은살이 두텁게 박혔을 것이다. 손톱이 없다면 우리 손가락 끝은 만신창이가 되었을 것이다. 손톱의 가장 큰 역할은 손가락 끝을 보호하는 것이다.

비상시에는 손톱이 무기가 되기도 한다. 싸울 때 완력이 강한 남자는 주먹을 휘두르지만, 힘이 약한 여자는 손톱으로 할퀸다. 눈 주위가 시퍼렇게 멍든 부인과 얼굴에 할퀸 상처가 가득한 남편. 드라마나 영화에서 부부 싸움 뒤의 남녀로 분장한 전형적인 모습이다.

발톱 역시 발가락 끝을 보호한다. 오래 달리거나 몸이 무거운 짐승들은 발톱이 두터워지다가 발굽으로 진화한다. 유제류有蹄類라고 부른다. 돼지나 말, 사슴이나 소와 같은 동물들이다. 우리가 걸을 때에는 발바닥 전체가 땅에 닿지만, 뛸 때는 발의 앞부분만 땅을 딛는다. 발톱이 있는 부분이다. 말발굽은 가운데 발가락의 발톱에서 진화한 것이라고 한다. 풀어 말하면 말은 네 다리 각각의 가운데 발가락만으로 땅을 딛고 있다. 말하자면 '까치발'로 걷고 뛰는 동물이 말이다. 말의 네 발뿐만 아니라, 민첩하게 뛰는 개나 고양이의 뒷다리도 뒤꿈치가 바닥에서 떨어진 까치발의 모습이다.

인간을 포함한 사지동물의 손과 발이 육기어류의 가슴지느러미와 배지느러미에서 진화한 것이듯, 손톱과 발톱 역시 육기어류의 지느러미 말단이 변한 것이다. 지느러미가 살덩이와 속뼈로 이루어져 있기에 육기어류라고 명명했지만, 보다 자세히 묘사하면 '살덩어리 지느러미'의 말단에는 '접이부채와 같은 지느러미'가 붙어 있다. 손톱과 발톱의 모태다.

조기어류의 경우 지느러미나 비늘 모두 주성분이 교원질膠原質이라고

다양한 모습으로 진화한 발톱. 타조, 말, 독수리, 사람(왼쪽 위부터 시계 방향).

번역되는 콜라겐Collagen이다. 그러나 육기어류의 비늘은 각질角質이라고 번역되는 케라틴Keratin이다. 양서류나 파충류의 비늘, 조류의 깃털이나 포유류의 털, 그리고 이들의 발톱 역시 성분이 케라틴이다. 육상의 사지동물과 허공을 나는 새들이 조기어류가 아니라 육기어류에서 진화한 것을 입증하는 생화학적 증거다.

우리의 머리칼은 원래 육기어류의 비늘이었고, 발톱이나 손톱은 육기어류의 지느러미 말단이었다. 지느러미 말단이 사지동물의 발톱으로 진화하여 땅을 기거나 나무에 오를 때 미끄럼을 방지한다. 날카로운 발톱으로 땅이나 나무를 찍어서 뒤로 밀면서 몸이 앞으로 이동한다. 싸움이 일어나면 이빨과 함께 무기로 쓰이기도 한다. 육기어류가 네발동물을 거쳐서 인간으로 진화하면서 지느러미의 몸통은 손이 되고 그 말단은 손톱이 되었다. 가려운 곳을 긁고, 여드름을 짜고, 키보드를 두드린다. '딴짓'을 하고 있다.

16 능작인과 증상과의 인과관계

_진화론은 생명의 모습에 대한 정견이다

우리는 삶의 와중에서 가끔 경이감에 휩싸이곤 한다. 나는 어디서 왔나? 그리고 어디로 갈 것인가? 〈하숙생〉이라는 유행가에서 노래하듯이 인생은 '나그네 길'에 은유할 수 있지만, 어디서 와서 어디로 가는지? 도대체 모르겠다. 우리는 이와 똑같은 의문을 《반야경》에서 찾을 수 있다. "이 모든 것은 어디서 와서 어디로 가는가從何處來 去至何所?" 이에 대한 《반야경》의 답은 무래무거無來無去다주8. '올 것도 없고 갈 것도 없다'는 뜻이다. 또 '오거나 가지 않는다면 그대로 머물고 있겠구나!'라고 오해하는 것을 막기 위해서 '머물지도 않는다無住'는 말을 덧붙여서 '무래무거무주'라고 답하기도 한다.

모든 것은 매 순간 변한다. 제행무상諸行無常의 가르침이다. 그 어떤 것도 고정된 것은 없다. 그럼에도 불구하고 이런 무상의 실상을 망각하고서 '인생'이나 '나'를 고정된 실체로 상정한 다음에, 그런 실체가 '어디서 왔다가 어디로 가는가?'라고 의문을 품는 것이다. 주어를 잘못 설정한 '허구의 의문'이다. 인생도 매 순간 변하기에 하나의 개념으로 포착할 수 없고, 나의 심신 역시 매 순간 변하기에 '나'라는 하나의 단어로 묶을 수 없다. 따라서 그런 허구의 주어에 근거하여, "어디서 왔다가 어디로 가는가?"라고 품는 의문 역시 허구의 것이다. '온다'거나 '간다'는 술어 역시 '인생'과 '나'에 대해서 적용할 수 없는 술어다. 모닥불이 지펴졌을 때 어디서 왔다고 할 수 없고, 꺼졌을 때 어디로 갔다고 말할 수 없듯이……. 불교에서는 이렇게 반야[21]인 공空의 통찰을 통해 경이감을 해소함으로써 우리의 생각이 사견邪見으로 빗나가는 것을 막아준다. 생명체의 모습에 대한 경이감 역시 '허구의 느낌'이며 이와 동일한 방식으로 해소된다.

내가 체험하는 모든 것은 다른 것에 의존하여 발생한다. 원래 있거나, 다른 어디서 오거나, 조물주가 있어서 만든 것이 아니다. 모든 것은 앞 단계의 사건에 의존하여 발생한다. 무명無明에 의존하여 행行이 있고, 행에 의존하여 식識이 있으며 …… 유有에 의존하여 생生이 있고 생에 의존하여 노사老死가 있다. 연기의 원리를 우리의 행위와 체험, 삶과 죽

---

21 般若. 인도고전어인 산스끄리뜨어 쁘라즈냐(Prajñā⑤)의 음사어. 지혜(智慧)라고 번역된다. 지식과 지혜를 구분하여 설명하면 지식은 쌓아서 이루어지고, 지혜는 허물어서 체득된다. 고정관념의 해체가 지혜이고, 반야다.

음에 적용한 '십이연기설+二緣起說'[22]이다. 모든 생명체는 원래 그렇게 있었거나, 어느 순간에 갑자기 나타난 것이 아니라, 앞 단계의 사태에 의존하여 변화하며 진행한다고 설명하는 점에서 진화론은 십이연기의 가르침과 그 방식을 같이 한다.

전문적인 불교 교리 가운데 '육인오과설六因五果說'이란 것이 있다. 원인또는 조건과 결과의 연기 관계에 대한 보다 세밀한 분석이다. 원인에는 능작인, 구유인, 동류인, 상응인, 변행인, 이숙인의 여섯 가지가 있고 그에 대응하는 결과는 증상과, 사용과, 등류과, 이숙과, 이계과의 다섯 가지로 분류된다. 진화론의 연기緣起는 이 가운데 '능작인能作因-증상과增上果'의 인과관계에 해당한다. 능작인은 범위가 가장 넓은 원인으로 '결과 자체를 제외한 모든 것'이 이에 속한다. 어떤 결과가 발생할 때 이 세상 모든 것이 원인의 역할을 한다는 통찰이 담겨 있다. 증상과는 이러한 능작인에 의해 발생한 잡다한 결과들 가운데 세력이 가장 강한 것증상을 가리킨다. 능작인은 다시 '결과가 발생할 때 조력하는 조건'인 '여력與力능작인'과 '방해하지 않음으로써 역할을 하는 조건'인 '부장不障

---

22 인간을 포함한 중생의 삶과 죽음과 윤회를 열두 단계에 걸쳐 정리한 부처님의 가르침으로 다음과 같다. 무명(無明) → 행(行) → 식(識) → 명색(名色) → 육입(六入) → 촉(觸) → 수(受) → 애(愛) → 취(取) → 유(有) → 생(生) → 노사(老死). 이를 풀어서 설명하면 "어리석음(무명) 때문에 갖가지 업을 짓고(행), 그렇게 지은 선업과 악업이 마치 씨앗과 같이 우리의 마음밭(식)에 뿌려져서, 삶을 마치고 죽은 후 다시 다른 어미의 자궁 속에 들어가 심신복합체의 태아(명색)로 자리 잡았다가, 임신 5주가 되면 눈, 귀, 코, 혀, 몸 등의 여섯 가지 지각 기관(육입)이 생겨나고, 그렇게 성장하다가 출산을 하여 어미의 몸 밖으로 나오면 외부 세계와 감각적으로 접촉(촉)을 하게 되고, 그에 따라 즐겁거나 괴로운 느낌(수)을 받으며 산다. 그리고 몸이 자라서 사춘기가 되면 강한 애욕(애)이 솟아올라, 이를 구체화(취)하여 다시 온갖 업을 지으며 살아가다가(유), 다시 죽고 태어나고(생) 다시 늙어 죽는(노사) 윤회를 되풀이한다."

육인(六因)		오과(五果)
능작인(能作因)	→	증상과(增上果)
구유인(俱有因)●	→	사용과(士用果)●
상응인(相應因)●		
동류인(同類因)●	→	등류과(等流果)●
변행인(遍行因)●		
이숙인(異熟因)●	→	이숙과(異熟果)●
		이계과(離繫果)●

육인오과.

능작인'의 두 가지로 구분된다.[23]

예를 들어 씨에서 싹이 틀 때 흙과 물, 햇볕과 공기는 여력능작인힘을 주는 원인이고, '홍수가 일어나지 않은 것', '산불이 나지 않은 것' 등은 부장능작인막지 않는 원인이다. 장기간에 걸친 진화의 과정에서 '포식자의 공격'과 '기상재해'라는 악조건을 피하고, '먹이 취득'과 '짝짓기'에 성공할 때 그 개체는 자신의 유전자를 다음 세대로 전한다. 여기서 전자는

- 구유인(俱有因) : '결과와 함께(俱) 존재하는(有) 원인'이라는 뜻. 예를 들어 세 발 솥에서 어느 한 발이 서 있는 것은 다른 두 발이 지탱하기 때문이기에, '어느 한 발의 서 있음'이 결과라면 '다른 두 발의 지탱'이 원인이 되며 이를 구유인이라고 부른다. 또 솥 전체가 서 있는 것은 세 발이 지탱하기 때문인데 '솥 전체가 서 있는 것'을 결과라고 보면 '지탱하는 세 발은 그와 공존하는 원인인 구유인이다.
- 사용과(士用果) : 사람(士)이 도구를 사용(用)할 때와 같이, '원인'과 동시에 존재하는 '결과'이기에 사용과라고 부른다. '구유인'과 '상응인'이 사용과의 원인이다.
- 상응인(相應因) : '결과와 함께(俱) 존재하는(有) 원인'인 구유인의 일종이지만, 정신적 현상에만 해당한다는 점에서 범위가 좁다. 예를 들어 통증(苦受의 心所)과 촉감(觸識의 心王)의 관계와 같은 것이다.

부장능작인이고, 후자는 여력능작인이다. 진화론은 연기론이다. 생명의
모습에 대한 정견正見이다.[24]

※ ※ ※

- 동류인(同類因) : '결과와 종류(類)가 같은(同) 원인'이라는 뜻. 선인선과(善因善果) 악인악과(惡因惡果)
  의 인과응보가 대표적인 예이다. 즉 "선하게 살면 내생에도 그 성향이 선하고, 악하게 살면 내생에도 그
  성향이 악하다."고 할 때 '선하게 살면'이라든가 '악하게 살면'이라는 앞 구절이 동류인에 해당한다.
- 등류과(等流果) : '원인과 그 흐름(流)이 동등한(等) 결과'라는 뜻. 동류인이나 변행인의 결과가 이에 해
  당한다.
- 변행인(遍行因) : 불교 수행에서 '지적인 깨달음'인 견도(見道)에서 고성제를 통찰할 때 끊어지는 일곱 가
  지 번뇌와 집성제를 통찰할 때 끊어지는 네 가지 번뇌가 이에 해당한다. 모든 번뇌가 생기게 하는 원인
  이기에 '두루(遍) 작용하는(行) 원인'이라는 의미에서 변행인이라고 부른다.
- 이숙인(異熟因) : '다르게(異) 익은(熟) 결과를 산출하는 원인(因)'이란 뜻으로 고(苦)나 낙(樂)을 초래하
  는 선행(善行)이나 악행(惡行)이 그 예다. 결과인 고나 낙은 선도 악도 아니기 때문이다.
- 이숙과(異熟果) : '원인과 다르게(異) 익은(熟) 결과(果)'라는 뜻으로 원인은 선행이나 악행인데, 그 결과
  가 선도 악도 아닌 낙이나 고이기 때문이다.
- 이계과(離繫果) : 모든 속박(繫)에서 벗어난(離) 결과(果)로 불교의 깨달음인 '열반'이다. 열반은 무위법
  (無爲法: 조건이 모여 지어지는 것이 아닌 것)이기에 도표에서 보듯이 이를 초래하는 조작적 원인이 없다.

17 플레시아다피스의 다섯 발가락
_ 손가락과 발가락의 기원과 개수

　　말이 걷는 모습을 사람에 빗대어 설명하면, 뒤꿈치를 들고서 가운데 발가락 하나만으로 땅을 딛고 걷는 꼴이다. 다섯 발가락 중에서 가운데 발가락만 길게 발달하였고 그 끝에 붙은 발톱이 두툼해져서 발굽이 되었다. 편자를 박는 곳이다. 진화생물학적으로 표현하면, 가운데 발가락이 보다 굵고 발톱이 보다 두꺼운 개체일수록 생존에 유리했기에 자손을 남길 확률이 높았다. 가운데 발가락을 제외한 나머지 네 개는 점점 퇴화하다가 사라져 버렸다.

　　빨리 달리는 동물일수록 발가락이 단순해진다. 발가락을 낱낱이 이용하여 땅을 짚으며 걸으면 속도를 낼 수가 없다. 네 발로 재빨리 땅을 밀치기만 해야 포식자를 피해서 경중경중 뛸 수 있다. 조류도 마찬가지다. 새의 발가락은 대개 넷이지만 세상에서 가장 빨리 달리는 새인 타조는 브이V 자로 갈라진 굵은 발가락 두 개만 남아 땅을 차며 뛴다.

고양이나 토끼나 악어는 앞발에 다섯 개, 뒷발에 네 개의 발가락이 달렸다. 개구리와 다람쥐는 이와 반대로 앞발가락이 네 개, 뒤발가락이 다섯 개다. 도마뱀과 이구아나는 앞과 뒤 발가락이 모두 다섯이다. 사람을 포함한 영장류는 발가락도 다섯이고 손가락도 다섯이다. 발에 가해지는 힘의 크기와 무게중심의 위치에 따라서 발가락 수에 가감이 있게 된다.

이들 육상동물 모두의 공통조상은 육기어류였다. 육기어류의 지느러미는 뼈와 근육으로 이루어졌으며 배를 젓는 노와 같이 한 덩어리였다. 그저 균질의 물을 밀치기만 하면 되기 때문이었다. 그러나 포식자를 피해서 수심이 얕은 곳으로 이동하면서 강바닥의 흙이나 모래, 돌멩이와 같은 고체를 뒤로 밀면서 앞으로 이동해야 했기에 지느러미 말단의 근육에서 분화가 일어나기 시작했다. 암벽등반을 할 때 손으로 바위를 짚은 다음에 어느 손가락이든 걸리는 부분을 당기면서 기어오르듯이, 뼈와 근육질로 된 육기어류의 지느러미로 불규칙한 강바닥을 효과적으로 긁어 밀면서 전진하려면 그 말단의 뼈와 근육에 분화가 일어나서 위치에 따라 제각각 놀아야 했다. 지느러미 말단에서 발가락이 나타나기 시작하였다.

오른쪽 그림에서 왼쪽은 데본기인 3억 7천 5백만 년 전에 살았던 육기어류인 틱타알릭Tiktaalik의 지느러미이고, 맨 오른쪽은 그보

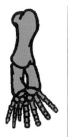

Tiktaalik   Acanthoslega   Tulerpeton

진화 초기의 발가락 수. 아칸토스테가의 일곱 발가락과 툴레르페톤의 여섯 발가락(왼쪽). 약 7천만 년 전에 포식자를 피해 나무에 오른 인간의 선조인 플레시아다피스 화석(오른쪽).

다 1천만 년 정도 이후에 살았던 '최초기의 육상 사지동물'인 툴레르 페톤Tulerpeton의 발이며, 가운데는 양자를 매개하는 아칸토스테가 Acanthostega의 발이다. 그림에서 보듯이 틱타알릭의 지느러미 끝에서 잡다하게 조각났던 뼈가, 아칸토스테가에서는 여덟 개의 발가락으로 분화하였고, 툴레르페톤에서는 여섯으로 수가 줄었다. 그 후 사지동물들이 본격적으로 육지를 기며 발가락 수가 다섯 개 내외로 정착하였고, 진화를 거듭하면서 몸무게와 속도, 용도에 따라 앞뒤의 발가락 수가 달라졌던 것이다. 인간을 포함한 영장류의 손가락과 발가락이 모두 다섯인 이유는, 포식자를 피해서 나무 위에 올랐던 공통조상의 앞뒤 발가락이 모두 다섯이었기 때문이다. 몸통 길이 6cm, 꼬리 6cm 정도의 조그만 포유류로 이름은 플레시아다피스Plesiadapis다. 약 7천만 년 전의 일이다.

18 백로의 깃털은 왜 색이 **하얄까?**

_ 물속 피식자를 속이는 위장의 색

동국대학교 경주캠퍼스에는 백로 집단 서식지가 있다. 매년 봄만 되면 수백 마리의 백로가 찾아와 캠퍼스 숲 속에 둥지를 튼다. 초록 새순이 돋기 전에는, 떼 지어서 나무에 앉은 모습이 하얗게 피어나는 목련꽃 봉오리 같다. 둥지에 쓸 나뭇가지를 입에 물고 강의실 창문 너머에서 분주하게 날아다닌다. 입가에 미소를 짓게 하는 비경秘境이다. 새벽 일찍 어슴푸레하게 동틀 녘이면 브이V 자 대형을 이룬 백로들이 삼삼오오 무리지어 날아간다. 호수와 시내가 많은 동해안 감포 방향이다. 거의 한순간에 동시에 출발하기에 잠시라도 한눈을 팔면 그 장관壯觀을 놓치고 만다. 간혹 지각한 백로 두세 마리가 푸드덕거리며 뒤를 쫓는다. '일찍 일어나는 새가 벌레를 잡는다'는 서양 속담을 실감한다. 새벽에 먹이 사냥을 나간 백로들은 주변의 논이나 시냇가, 강이나 늪으로 흩어져 조심스레 물을 밟으며 개구리나 우렁이, 물고기나 벌레를 잡는다. 그리곤 둥지로 돌아와 새끼에게 먹인다. 지금은 백로 둥지가 모두 짙은 녹음으로 덮였다. 나뭇잎 사이로 희끗희끗한 모습만 가끔 눈에 띈다.

'까마귀 노는 곳에 백로야 가지 마라'든가, '까마귀 검다하고 백로야 웃지 마라'는 시조에서 읊조리듯이 백로의 하얀색은 청렴과 순수를 상징한다. 멧비둘기나 까투리는 칙칙한 보호색을 하고 있는데 백로는 눈부시게 희다. 초록 잎 사이의 하얀 백로. 너무나 선명하다. 암놈의 깃털색이 까투리와 같은 '보호색'이 아니다. 몸집의 크기가 꿩처럼 '한 끼 식사 거리'이지만 암수가 동색이기에, 장끼와 달리 수놈이 포식자를 유인하는 역할을 할 수도 없다. 그럼에도 불구하고 백로가 하얗게 진화한 이유는 무엇일까?

어떤 사태를 놓고서 그런 사태가 나타나게 된 조건을 탐구하는 것이 '연기적 관찰', 즉 '연기관緣起觀'[25]이다. 정확히 말하면 연기관 가운데 '역관逆觀'이다. 결과에서 시작하여 원인을 추구해 들어가는 역逆방향 관

---

25 불교의 기초 수행 가운데 오정심 관법(五停心 觀法)이란 게 있다. '마음을 편안하게 만드는 다섯 가지 관찰법'이다. 탐욕이 많은 사람은 '우리 몸이 언젠가 시체가 되고 말 더러운 것'이라고 상상'하는 ①부정관(不淨觀), 분노가 잦은 사람은 '모든 중생의 행복을 염원'하는 ②자비관(慈悲觀), 마음이 산란한 사람은 가만히 앉아서 자신의 호흡을 살피는 ③수식관(數息觀), 자아에 대한 집착이 심한 '몸과 마음을 그 구성 요소(界)로 분석하여 무아(無我)를 실감'하게 하는 ④계분별관(界分別觀), '잘못된 종교관이나 세계관(邪見)'을 갖는 어리석은 사람은 '모든 것은 여러 조건들에 의존하여 발생한다는 점을 면밀히 관찰'하는 ⑤연기관(緣起觀)을 먼저 닦아서 마음을 편안하게 만든 다음에 본격적인 수행에 들어간다. 이 가운데 마지막의 연기관은 진화생물학을 포함한 현대 과학과 그 관찰 방법을 같이한다.

가재를 문 하얀 백로. 백로의 하얀 색은 물속에 사는 생물에게 들키지 않기 위한 포식자의 위장색이다(왼쪽). 물속의 피식자에게 보이는 하늘. 하얀 구름과 햇살이 물결 따라 출렁인다 (오른쪽).

찰이다. 그러면 백로의 흰색은 어떻게 연기한 것일까? 백로는 비교적 높은 나무 위에 둥지를 튼다. 덤불 속이나 맨땅 위에 만드는 꿩이나 오리의 둥지와 달리 늑대나 들개 같은 포식자가 쉽게 공격할 수 없는 곳이다. 따라서 눈처럼 하얀 백로의 색깔이 포식자를 피하거나 유인하면서 진화한 것일 수는 없다.

백로는 대개 얕은 물속을 걸으면서 물고기나 개구리 같은 수중동물을 잡아먹는다. 물속에서 수면을 바라보면 파란색 하늘이 출렁대고, 하얀 구름이 출렁대며, 하얀 햇살이 출렁댄다. 발만 물에 담그고 서 있는 하얀 백로의 모습을 물속에서 보면, 구름과 햇살의 하얀색과 뒤섞여서 드러나지 않는다. 방심한 물고기가 백로에게 접근한다. 그때 백로는 잽싸게 물고기를 찍어 문다. 백로의 하얀색은, 숲속의 포식자가 아니라 물속의 피식자를 속이는 '위장의 색깔'이다. '먹히지 않기 위한' 위장색이 아니라, 피식자에게 들키지 않고 '잡아먹기 위한' 위장색이다.

이런 통찰은 다른 새들의 깃털 색에도 적용된다. 예를 들어 갈매기의 배는 흰색이고 등을 덮은 날개는 회색이다. 갈매기 배의 흰색은 물 속 생물들의 눈을 속이고 등날개의 회색은 육상 포식자의 눈을 속인다. 갈매기가 알을 낳는 장소는 대개 회갈색 바위로 뒤덮인 바닷가의 섬이다. 그런 바위 틈새에서 가만히 포란하는 갈매기의 모습을 포식자는 쉽게 발견하지 못한다.

이곳이 아니라 그곳, 지금이 아니라 그때를 떠올리면서, 내 입장이 아니라 그의 입장에서 통찰할 때, 다양한 중생의 모습은 정체를 드러낸다. 진화의 열쇠를 푸는 연기관緣起觀이다.

19 등 푸른 생선의 **위장**

_ 등은 검푸른 바다를 닮고, 배는 은빛 하늘을 닮았다

미국 서해안에서 잡힌 참치에서 일본 후쿠시마 원전의 방사능이 검출되었다고 한다. 1954년 소련에서 처음 원자력 발전소를 건설한 이래 1979년의 미국 스리마일 원전 사고, 1986년 소련의 체르노빌 원전 사고에 이어 2011년 후쿠시마에서 세 번째 원전 사고가 일어났다. 원인이야 어찌 되었든 대략 20년에 한 번 꼴로 원전 사고가 일어난 셈이다. 이와 동일한 확률로 원전 사고가 일어난다고 볼 경우 앞으로 천 년 동안 지구상에서 대략 50번의 원전 사고가 더 발생할 테고, 누출된 방사성 동위원소로 인해 돌연변이의 출현이 다반사가 될 것이다. 방사능 오염. 참치만 그런 게 아니다. 먹고 먹히면서 서로가 서로의 몸이 되기에 모든 생명이 그럴 게다. 인간도 예외가 아니다. 수

백만 년의 진화를 거쳐 최강의 포식자로 등극한 인류가 '문명의 자승자 박自繩自縛'으로 인하여 서서히 절멸해가고 있는 듯하다. 이 시대의 차고 넘치는 물질적 풍요는 후손들에게 빚을 남길 뿐이다.

각설하고, '참치통조림 광고'를 통해 누구나 알고 있듯이 참치에는 우리 몸에 좋은 DHA와 같은 불포화지방산이 많이 들어 있다고 한다. 불포화지방산은 동맥경화를 일으키는 콜레스테롤과 중성지방을 감소시키는데, 참치만이 아니라 꽁치, 고등어, 삼치, 청어, 정어리 같은 등 푸른 생선 모두에 불포화지방산이 풍부하다고 한다. 그러면 이런 등 푸른 생선들은 어째서 등 색깔이 검푸를까? 이와 같은 의문을 품고 그 조건을 찾아가는 것 역시 일종의 연기관緣起觀이다. 석가모니 부처님께서 죽음에 대한 의문에서 출발하여 소급하다가 최종적으로 '무명無明'을 발견하셨던 '십이연기十二緣起의 역관逆觀'[26]과 같은 방식이다.

참치, 고등어, 꽁치, 정어리와 같은 등 푸른 생선들은 몸 전체가 검푸른 것이 아니다. 등은 검푸르지만 배는 은빛이다. 해수면 근처를 때로 몰려다니면서 생활하는 이들의 습성에 비밀이 숨어 있다. 위에서 본 바다는 검푸르지만, 밑에서 본 해수면은 찬란한 은빛이다. 깊은 바다

---

26 생명체의 삶과 죽음과 윤회의 과정을 요약한 십이연기는 '①무명(無明) → ②행(行) → ③식(識) ↔ ④ 명색(名色) → ⑤육입(六入) → ⑥촉(觸) → ⑦수(受) → ⑧애(愛) → ⑨취(取) → ⑩유(有) → ⑪생(生) → ⑫노사(老死)의 순서로 진행되며 이를 순관(順觀)이라고 부른다. 그러나 이를 깨닫기 위해서는 거꾸로 ⑫노사에서 시작하여 ①무명으로 추적해 들어간다. 즉, "어째서 늙어 죽음(⑫노사)이 있는가?"라는 의문을 떠올리다가, "태어났기 때문이다(⑪생)."라는 점을 발견하게 되고 …… "어째서 태어났는가?"라는 의문을 떠올리다가, "전생에 업(②행)을 지었기 때문에"라는 답을 발견하게 된다. 이런 식으로 십이연기 의 흐름에서 원인 또는 조건을 추적하며 거슬러 올라가는 통찰을 역관(逆觀)이라고 부른다.

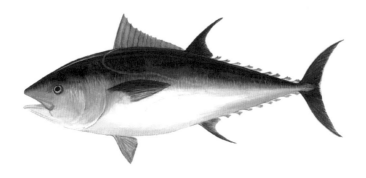

참치의 위장색. 등은 검푸른 바다를 닮고, 배는 은빛 하늘을 닮았다.

물속에서 위를 보면 수면은 햇살의 하얀 빛으로 눈부시게 출렁인다. 참
치나 고등어의 검푸른 등 색깔은 위에서 이들을 내려다보는 포식자의
눈을 속이고, 은빛의 배 색깔은 아래에서 이들을 올려다보는 포식자의
눈을 속인다. 해조류나 바위 틈새에 숨어서 사는 생선들은 형형색색이
다. 그러나 은폐물이 없는 해수면 근처에서 떼 지어서 몰려다니는 이들
은 등이 검푸르고 배가 하얗다. 참치와 고등어와 꽁치와 멸치……. 등
은 바다색을 닮았고 배는 하늘빛을 닮았다.

　먹고 먹히는 생명의 세계에서 굶어 죽지 않으려면 피식자에게 들키
지 않아야 하고 살해당하지 않으려면 포식자의 눈을 속여야 한다. '유
전자Gene의 차원'에서는 수꿩인 장끼 또는 일개미나 일벌과 같이 자기
희생도 하지만, '개체Individual의 차원'에서는 그렇다. 포식자든 피식자든
상대의 눈에 띄지 않아야 유리하다. 위장과 은폐. 강자든 약자든 개체
를 위한 최고의 생존 전략이다. 내가 짐승이라면 그렇다는 말이다.

20   짐승의 **새끼**가 **귀여운** 이유

_ 사춘기에 이르지 않아 전투적인 모습이 아니다

'고슴도치도 제 새끼는 함함하다고 한다'
는 속담이 있다. '함함하다'는 말은 소담스럽고 탐스럽다는 뜻의 순 우
리말이다. 사람이든 짐승이든 제 새끼를 제일 귀엽고 예쁘게 여긴다. 여
기서 '못생긴 미물'의 대표로 고슴도치를 들었는데, 고슴도치 새끼는 우
리가 봐도 앙증맞고 예쁘다. 고슴도치 새끼만이 아니다. 강아지도 귀엽
고, 돼지 새끼도 귀엽고, 송아지도 귀엽고 망아지도 귀엽다. 호랑이나
사자와 같은 맹수, 흉측한 하이에나도 새끼의 모습은 참으로 귀엽다.

왜 그럴까? 해답은 간단하다. 전투적인 모습이 아니기 때문이다. 뺏
고 싸우는 약육강식의 세계에서 방어하거나 공격할 능력이 없기 때문이
다. 홀로 살아갈 힘이 없기 때문이다. 몸이 아직 성숙하지 않았기 때

고슴도치 새끼의 앙증맞은 모습. 사춘기
이전에는 전투적이지 않기에 귀엽다.

문이다. '성性선택'의 경쟁에서 승리하여 2세를 낳고 양육할 수 있는 힘
이 없기 때문이다. '자연선택'의 솎아내기를 이겨낼 힘이 아직 없기 때문
이다. 섹스나 먹이를 위한 탐욕과 분노의 번뇌가 아직 강하지 않기 때
문이다. 성性에 눈뜨는 사춘기에 이르지 않았기 때문이다. 요컨대 부처
님께서 발견하신 '모든 생명체의 공통점', 즉 '십이연기十二緣起의 사슬'에
서 여덟 번째 단계인 '애愛'[27] 가운데 동물적 욕망인 '욕애欲愛'가 아직 발
생하지 않았기 때문이다.

　모든 생명체는 윤회한다. 세상이 무엇인지, 어떻게 사는 것이 올바
른 것인지 몰라서①無明, 선과 악의 온갖 업을 지으며 살아간다②行. 그

27　'애(愛, Taṇhā ℗, Tṛṣṇa Ⓢ)'는 '동물적 욕망'인 욕애(欲愛), '내생에 다시 태어나 어딘가 존재(有)하고
　　싶은 종교적 욕망'인 유애(有愛), '삶이 괴로워 자살하여 사라지고 싶은 욕망'인 무유애(無有愛)의 셋으
　　로 나뉜다.

런 업들이 모두 씨앗처럼 마음속에 저장되었다가③識, 수태의 순간에 모태의 자궁에 들어가 수정란에 반영되어 태아로 자라난다④名色. 사람의 경우 임신 5주가 되면 이목구비 등 감관의 모습이 갖추어진다⑤六入. 열 달이 지나서 출산을 하면 2, 3일 후에 감관이 열리면서 바깥세상을 지각하게 된다. 감관이 감각 대상과 접촉을 시작하는 것이다⑥觸. 그 후 괴로움이나 즐거움이 따르는 온갖 체험을 하며 살아간다⑦受. 어린 시절이다. 짐승으로 치면 아직 새끼일 때다. 그 모습이 귀여울 때다.

　그러다가 사춘기가 되면 몸의 모습이 어른처럼 변하면서 음욕이 솟는다. 이성에 대한 욕망이다⑧愛. 부모의 보호를 벗어나기 위해서 모든 것을 스스로 판단하려고 한다. 사춘기의 반항은 자립을 위한 자연스러운 과정이다. 이목구비와 팔다리, 몸의 모습이 성숙한다. 귀여웠던 모습이 사라진다. 그리고 욕망을 구체화하여⑨取 실천하며 살아간다⑩有. 그러다가 목숨을 마치면 내가 살았던 그대로가 내생이 되어 찾아온다. 다시 태어나는 것이다⑪生. 그리곤 다시 늙어 죽는다⑫老死. 이런 윤회는 무한히 되풀이된다.

　①무명 → ②행 → ③식 ↔ ④명색 → ⑤육입 → ⑥촉 → ⑦수 → ⑧애 → ⑨취 → ⑩유 → ⑪생 → ⑫노사로 이어지는 십이연기의 흐름에서 '⑧애'는 사춘기를 의미한다. 사람뿐 아니라 개나 고슴도치, 바퀴벌레에게도 사춘기가 있다. 사춘기가 되면 음욕에 뿌리를 둔 탐욕과 분노가 강해지며 몸이 전투적으로 변하고 귀여운 모습이 사라진다. 사성제四聖諦에서 '고苦와 집集, 번뇌의 정글'로 진입했기 때문이다.

21 표정과 **몸짓**에 대한 다윈의 해석

_ 웃을 때 호흡을 토하며 눈을 찡그리는 이유는?

'소 닭 보듯 하다'는 속담이 있다. 무관심하게 누구를 대하거나 바라보는 것을 비아냥거리는 말이다. 얼토당토 않는 일을 보면 '소가 웃겠다'고 조롱하기도 한다. 사실, 소는 웃지 않는다. 소뿐만 아니라 닭도 웃지 않는다. 고양이도 웃지 않고, 개구리도 웃지 않고, 메뚜기도 웃지 않는다. 영장류를 제외한 짐승들은 얼굴에 웃거나 우는 표정을 짓지 않는다.

찰스 다윈의 저술 가운데 ≪종의 기원≫, ≪인간의 유래≫와 함께 '진화론 3부작'에 속하는 대표작이지만 그리 널리 알려지지 않은 책이 있다. ≪인간과 동물의 감정 표현_The Expression of the Emotions in Man and Animals_≫이다. ≪종의 기원≫을 출간한 후 13년이 지나서 발간

된 '창의성 가득한' 저술이다. 1872년 발간한 영문 초판의 경우 본문만 367쪽으로 적지 않은 분량인데, 이 책에서 다윈은 해부학과 생태학 지식을 총동원하여 짐승이나 인간이 몸과 얼굴을 통해 나타내는 갖가지 감정 표현에 대해 분석한다.

다윈은 먼저 표현의 근본원리로 다음 세 가지를 든다. 첫째는 '유용할 수 있도록 연합한 습관의 원리'이고, 둘째는 '상반相反의 원리'이며, 셋째는 '신경 시스템에서 비롯된 행위의 원리'다. 예를 들어 마음이 혼란스러울 때 머리를 긁적이는 몸짓을 보이는 것은 머리가 가려워서 불편할 때 머리를 긁적이던 습관적 행동의 연장으로 첫째 원리가 적용된 예의 하나다. 또 낯선 사람을 만난 개는 몸을 바로 하고 털을 곤두세우며 시선을 고정시킨 채 귀를 앞으로 쫑긋 세우고 공격적 자세를 취하는데, 주인을 대할 때에는 이와 반대로 몸을 숙이고 꼬리를 내리고 살랑거리며 귀를 내려 뒤로 당긴다. 전투적인 모습과 상반된 몸짓으로 둘째 원리가 적용되는 예이다. 그리고 부끄러울 때 얼굴이 붉어지는 것은 안면에 분포한 소동맥의 수축과 팽창을 제어하는 혈관운동계가 감각중추의 영향을 받아 일어나는 일로 셋째 원리의 예가 된다. 다윈은 인간이나 짐승이 감정을 표현할 때 몸짓과 표정이 다양하게 변하는 이유에 대해서 과학자의 혜안으로 집요하게 추구한다.

소도 웃지 않고, 닭도 웃지 않지만 인간은 웃는다. 웃을 때 입 꼬리가 올라가고 눈이 작아지며, '하! 하! 하!' 하며 반복적인 소리를 낸다. 이런 표정과 몸짓이 일어나는 이유에 대해서 찰스 다윈은 다음과

파안대소. '하! 하! 하!' 소리를 토할 때 안와 주변의 혈관 확장과 혈압 상승을 상쇄하기 위해 눈둘레근이 수축한다.

같이 설명한다. 원숭이들도 즐거움을 느낄 때면 소리를 반복하여 지른다. 인간이 웃을 때 '하! 하! 하!'라고 호흡을 토하는 것과 유사하다. 고기 몸의 내적 상태를 타자에게 전하는 것이다. 그런데 '하! 하! 하' 웃으면서 숨을 토할 때 눈알이 박혀 있는 안와眼窩 주변의 동맥에 혈압이 높아지거나 정맥에서 피가 역류한다. 눈이 불편해진다. 이때 눈 주위를 둘러싼 '안륜근眼輪根', 즉 '눈둘레근'이 수축한다. 이와 함께 주변의 안면 근육이 눈 주위를 향하여 수축하면서 찌그러진다. 웃는 표정이 발생한다. '눈둘레근'의 수축이 심해지면 눈물샘 주변의 근육까지 수축하여 눈물이 흐르기도 한다. 격렬하게 웃은 다음에 눈에 눈물이 고이는 이유다. 그리고 이것이 습관화되면 신경계에 약간의 자극만 가해져도 입 주변의 근육과 눈둘레근의 수축이 일어나서 웃음의 최초 단계인 '미소'의 표정이 나타난다.

요컨대 숨을 토하면서 웃을 때, 눈 주변의 혈압이 높아지는 것을 방지하기 위해서 눈둘레근이 수축하여 웃는 표정이 발생한다는 것이다. 무미건조하고 기계론적이긴 하지만 부정하기 힘든 합리적인 분석이다. 웃는 표정에 대한 '연기적緣起的 통찰'이다.

22 얼굴 **표정**과 인간의 **사회성**
_ 표정으로 고기 몸의 내적 상태를 남에게 알린다

다윈이 ≪인간과 동물의 감정 표현≫에서 설명하듯이 웃을 때 눈이 작아지는 것은 눈알 주변 혈관의 팽창으로 인한 불편을 줄이기 위한 것이다. '하! 하! 하!'거리면서 호흡을 토할 때 동맥압이 상승하거나 정맥의 피가 역류하여 눈알이 불편해지는데 눈둘레근을 수축함으로써 혈관의 팽창을 막아서 이를 완화시킨다. 웃는 표정이다.

얼굴에 다양한 근육이 분포하지만, 핵심이 되는 것은 안륜근眼輪根, Orbicularis Oculi이라고 부르는 '눈둘레근'과 구륜근口輪根, Orbicularis Oris이라고 부르는 '입둘레근'이다. 눈둘레근은 두개골에서 눈알이 튀어나오지 않게 잡아주고, 입둘레근은 입에서 음식이 흘러나오지 않게 잡아준

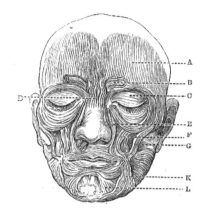

다윈의 책에 실린 안면근육도(왼쪽). 입 구멍을 둘러싼 입둘레근은 먹이의 이탈을 막는다. 눈동자를 감싸는 눈둘레근은 해골에 박힌 눈알의 돌출을 방지한다. '엉! 엉!' 우는 아기(오른쪽). 울면서 호흡을 길게 토할 때 눈알을 보호하기 위해 눈둘레근을 수축하는 모습이다.

다. 눈둘레근이 수축하는 것을 '감는다'고 하고, 입둘레근이 수축하는 것을 '다문다'고 한다. 왼쪽의 '안면근육도'는 위에 쓴 다윈의 책 ≪인간과 동물의 감정 표현≫에 실린 것인데[주9] 그림에서 보듯이 눈과 입 둘레에 동심원 모양으로 근육이 둘러싸고 있다.

　웃을 때에도 '하! 하! 하!'거리면서 호흡을 토하지만, 슬픔에 통곡할 때에도 '엉! 엉!'거리면서 호흡을 토한다. 눈둘레근과 입둘레근의 원래 용도는 다른 짐승에서와 마찬가지로 눈알을 보호하고 음식을 먹는 것이었는데, 인간으로 진화하면서 새로운 용도가 생겼다. 표정을 만들어내는 것이다. 웃거나 우는 표정을 만들어낸 출발점은 '호흡을 토하며 소리를 낸다는 점'이다. 다윈이 비교하듯이 웃을 때는 반복적으로 소리를 내지만, 울 때는 숨을 짧게 들이쉰 후 오랫동안 길게 호흡을 토하면서 소리를 낸다. 그래서 웃음소리는 '깔깔깔'이라는 의성어로, 울음소리는 '꺼이꺼이'라는 의성어로 묘사하기도 한다. 울음소리는 보다 크고 길기에 먼 거리까지 전달되고 널리 퍼진다. 울음은 남의 도움을 절실하게 구하는 행위이기 때문이다.

인간은 슬프거나 기쁠 때 소리를 냄으로써 남에게 자신의 내적 상태를 전한다. 울음과 웃음뿐만 아니라, 걱정, 낙담, 결심, 증오, 공포, 수치, 혐오, 헌신 등등 온갖 표정들이 얼굴에 나타난다. 물론 인간이라는 종種 내에서만 통용되는 표정들이다. 다윈은 ≪인간과 동물의 감정 표현≫을 마무리하면서 "감정 표현을 통해서 다른 사람과의 조화를 인식할 수 있고, 우리의 고통을 줄이고 기쁨을 배가시킬 수 있으며, 말 이상으로 생각이나 의도를 진실하게 전달한다."고 쓰고 있다. 말로는 남을 속일 수 있지만, 표정은 숨기기 힘들다.

소나 닭에게는 표정이 없다. 원숭이에게도 표정이 있긴 하지만, 인간만큼 다양하지 않다. 비단 웃음이나 울음뿐만 아니라 얼굴의 근육을 일그러트려 만들어내는 모든 표정은 나 혼자만 느낄 수 있는 나의 고통, 기쁨, 낙담, 헌신, 수치, 겸손 등의 내적 감정들을 남에게 전달하는 기능을 한다. 표정은 인간 종들이 다른 어떤 동물보다 사회성이 강하다는 점을 입증하는 예 가운데 하나다. 표정. '눈알'과 '먹이'를 두개골 속에 잡아주는 눈둘레근과 입둘레근에 근거한 근육의 움직임으로 나의 '한 길 마음속'을 타인에게 전한다.

23　홍조에 대하여

_ 숨길 수 없는 감정의 흔들림

다윈은 《인간과 동물의 감정 표현》에서 홍조에 대해서 분석한다. 정도의 차이가 있긴 하지만 인간이라면 대부분 부끄러울 때 얼굴을 붉힌다. 기쁨이나 슬픔과 같은 내적 감정들이 안면근육을 통해 웃음이나 울음으로 표출되듯이, 얼굴이 붉어지면서 다양한 내적 감정들이 나타난다. 물론 뻔뻔스러운 사람이나 얼굴이 두꺼운 사람은 예외다.

다윈은 울음이 슬픔, 낙담, 절망 등의 감정을 나타내고 웃음이 환희, 기쁨, 사랑의 감정을 나타낸다고 보면서 웃음과 울음의 표정에 대해서 분석하지만 꼭 그런 것만은 아니다. 기쁠 때도 울 수 있고, 환희에 찰 때도 울 수 있고, 공포를 느낄 때도 울 수 있고, 배가 고파도

울 수 있고, 사랑을 느낄 때도 울 수 있다. 울음은 슬픔뿐만 아니라 우리의 모든 감정을 나타낸다. 웃음도 마찬가지다. 기쁠 때도 웃지만, 남을 조롱할 때도 웃을 수 있다. 비웃음이다. 허탈할 때도 웃을 수 있다. 너털웃음이다. 정신이 나가도 웃고, 재미있어도 웃고, 간지러워도 웃는다. 웃음으로 나의 모든 감정을 나타낼 수 있다. 울음이 주로 슬픔을 표현하고, 웃음이 주로 기쁨을 표현하지만, 엄밀히 정의하자면 웃음과 울음 모두 나의 모든 내적 감정을 나타내는 '가치중립적인 표정'일 뿐이다. 웃음은 일체의 감정을 표현한다. 울음에도 일체의 감정을 담을 수 있다. 화엄학[28]에서 가르치는 일즉일체一卽一切, 일중일체一中一切의 진리다.[29] 웃음이나 울음과 같은 하나一의 표정이 모든一切 감정을 담는다. 뒤집어 말하면 웃음에도 고정된 의미가 없고 울음에도 고정된 의미가 없다. 웃음도 실체가 없고, 울음도 실체가 없다. 웃음도 공空하고, 울음도 공하다.

홍조 역시 마찬가지다. 부끄러울 때 얼굴이 붉어지지만, 너무 화가 나도 얼굴이 붉어지고, 너무 우스울 때에도 깔깔거리면서 얼굴이 붉어진다. 웃음이나 울음과 마찬가지로 홍조는 '부끄러움'이라는 한 가지

---

28 華嚴學. 부처님이 보리수 아래 깨달음 직후 영적(靈的)인 세계에서 일어난 일들을 신화적으로 그린 ≪화엄경≫의 가르침에 근거한 학문, 사상이다.

29 '하나가 곧 모든 것이다'라는 상즉(相卽, 서로서로 일치한다) 사상과 '하나 속에 모든 것이 담긴다'는 상입(相入, 서로가 서로 들어간다) 사상. 예를 들어 '나'는 학생에게는 교수이고, 자식에게는 아버지고, 부모에게는 아들이고, 이웃 아이들에게는 아저씨이고, 배고픈 호랑이에게는 고깃덩어리이고 …… 육탄 공격의 전쟁에서는 무기고, 당신에게는 너다. 따라서 '나'라는 하나(一)가 그대로 '교수, 아버지, 아들, 아저씨, 고깃덩어리 …… 무기, 너' 등 모든 것(一切)이며 '나'라는 하나 속에 이 모든 것이 들어 있다. 그래서 일즉일체이고 일중일체다.

부끄러움에 낯빛이 붉어진 아가씨(왼쪽). 약자의 고통에 공감했던 털보, 칼 마르크스(오른쪽).

감정만 나타내는 것이 아니라 나의 모든 감정—切을 나타낼 수 있다. 일즉일체다.

　웃음이나 울음은 가장假裝할 수 있지만 홍조는 가장하지 못한다. 물론 다윈의 말처럼 어색한 웃음의 경우는 아래쪽 눈꺼풀의 눈둘레근이 충분히 수축하지 않으며 '거짓 울음'의 경우는 눈물이 흐르지 않기에 남에게 쉽게 간파되지만, 연기자에게서 보듯이 훈련을 통해서 진정한 웃음과 진정한 울음처럼 위장할 수 있다. 그러나 웃음이나 울음과 달리 홍조는 시능할 수 없다. 아무 감정의 변화가 없는데 일부러 얼굴을 붉힐 수 없다. 홍조는 철저하게 수동적으로 일어나는 표정이다. 다윈이 주장한 '표현의 근본원리' 가운데 '신경 시스템에서 비롯된 행위'다.

　내적 감정에 변화가 있을 때 얼굴이 붉어진다. 인간 사회에서 이렇게 홍조를 띠는 사람들이 적자適者로서 번식하였다는 사실 역시 인간이 지극히 사회적 동물이라는 점을 입증한다. 내적 감정의 흔들림이 홍조를 통해 거짓 없이 드러난다. '거짓말하지 말라'는 계율[30]이 있듯이, 인간 사회에서 타인과 우호적 관계를 맺기 위해서는 숨기는 것이 없어야 한다. 음흉하지 않아야 한다. 믿을 수 있어야 한다. 겉 다르고, 속 다르지 않아야 한다. 결혼 적령기의 총각들이 얼굴이 쉽게 붉어지는 아가씨에게 호감을 갖는 이유다. 믿을 수 있기 때문이다.

홍조를 숨기려면 얼굴을 가려야 한다. 손을 얼굴에 대거나 고개를 숙인다. 부끄러움을 표현하는 2차적인 행동이다. 관상학에 의하면 최고의 사윗감은 털보라고 한다. 부끄러울 때 손으로 얼굴을 가리듯이, 자주 붉어지는 낯빛을 수염을 길러 가리고 있다. 수염을 덥수룩하게 기르고 다녀서 우락부락하게 보이지만 마음은 비단결처럼 곱기에 딸을 고생시키지 않는다고 한다.

부끄러움을 나타내는 홍조. 내가 짐승이라면 나를 노출시키므로 약점이 되겠지만, 인간이기에 장점이 된다. 인간은 서로 신뢰하면서 살아가는 사회적인 동물이기 때문이다.

---

30 재가불자는 다음과 같이 다섯 가지 계율의 준수를 다짐한다. ①살생하지 않는다. ②도둑질하지 않는다. ③삿된 음행을 하지 않는다. ④거짓말하지 않는다. ⑤술을 마시지 않는다.

24 몸을 크게 부풀리기
_ 싸움에 임하는 모든 생명들의 공통된 포즈

대천 해수욕장에 가면 콩알만한 복어 새끼들을 볼 수 있다. 해변을 때리고 물러나는 파도가 해변으로 밀려오는 파도와 만날 때 잠시 물결이 잔잔해지면서 물속이 드러난다. 이때 물살을 타고 헤엄치는 복어 새끼들이 보인다. 손바닥으로 바닷물을 재빠르게 퍼올린다. 한두 마리가 잡힌다. 콩알 같던 복어들이 순식간에 부풀어서 포도알처럼 커진다. 복어는 위험이 닥쳤을 때 순간적으로 바닷물을 흡입하여 몸을 크게 팽창시켜서 포식자를 물리친다.

다윈은 ≪인간과 동물의 감정 표현≫에서, 위험을 만났을 때 이렇게 몸을 부풀리는 동물들을 열거한다. 수컷 도마뱀의 경우는 짝짓기 다툼을 할 때 목 밑의 주머니를 확장시켜 주름지게 하며 등지느러미를 곤추

세운다. 코브라는 적을 만났을 때 머리를 치켜들고 앞가슴 쪽의 갈빗대 부분을 넓혀서 목 주변을 넓게 편다. 수탉 두 마리가 싸울 때에는 목 주위의 깃털이 곤두선다. 수컷 도요새도 마찬가지다. 병아리와 함께 있는 암탉에게 개가 다가가면 암탉은 날개를 쭉 펴고 꼬리를 치켜 올리면서 온몸의 깃털을 곤두세우고 개에게 돌진한다. 백조도 그렇다. 수 돼지를 화나게 하면 등 쪽의 털이 곤두선다. 성난 사자도 갈기를 치켜 세운다. 개는 등과 목을 따라 나 있는 털을 곤두세우고, 고양이는 몸 전체의 털을 치켜세운다. 특히 꼬리 부분의 털을 세운다. 화난 비비원숭이의 경우는 다른 부위의 털은 그대로인데 목에서 허리까지 등 쪽에 난 털이 모두 곤두선다. 찰스 다윈의 관찰들이다.

찰스 다윈이 쓰듯이 "적이나 동료 경쟁자들에게 크고 무섭게 보이도록 하기 위해서 피부의 부속 기관을 부풀린다." 복어는 바닷물을 흡입하지만 개구리나 두꺼비는 공기를 빨아들여 몸을 부풀리고, 개나 고양이 같은 포유류는 털을 곤두세우며, 독수리나 닭과 같은 조류는 깃털을 세우고 활개를 넓힌다. 조류의 깃털이나 포유류의 털이 곤두서는 것은 모근과 피부를 연결하는 미세한 털세움근Arrector Pili이 반사적으로 수축하기 때문이라고 한다. 인간의 경우 소름이 돋고 머리털이 쭈뼛할 때 이 근육이 수축한다. 다윈이 말하는 표현의 종류 가운데 '신경 시스템에서 비롯된 감정 표현'이다. 이와 함께 골격에 부착된 수의근隨意筋을 움직여서 몸을 크게 보이게 하기도 한다.

오른쪽 사진 가운데 인물은 맥아더 장군이다. 제2차 세계대전이 끝

점령지에서 활개를 젖히고 서 있는 맥아더 장군의 위용.

나고 보름이 지난 1945년 8월 30일에 점령지인 일본의 아쓰기厚木 시에서 부관들을 거느리고 찍은 사진이다. 검은 선글라스에 옥수수 곰방대를 물고 다리를 약간 벌리고 허리춤에 손을 얹은 채 가슴을 젖히고 있다. 카리스마 넘치는 모습이다. 포화 가득했던 전장에서 곰방대를 물고 활보하는 것은 승전국의 최고 사령관에게만 가능한 특권이다. 색이 진한 선글라스를 끼고 있어서 시선視線이 어디를 향하는지 드러나지 않는다. 그의 언행을 예측하기 힘들기에 부하들이 긴장을 늦추지 못한다. 다리를 벌리고 활개를 펴고 있어서 체구가 커 보인다. 복어든 수탉이든 인간이든, 승자와 패자를 가르는 싸움에 임하는 모든 생명들의 공통된 포즈다.

25   렘 수면이 발생하는 이유는?

_ 밤새 안녕하기 위한 파수꾼

렘REM. '빠른Rapid 안구Eye 운동Movem ent'의 약자다. 잠자는 사람의 얼굴을 가만히 보면 눈꺼풀 속의 눈동자가 재빠르게 이리저리 움직일 때가 있는데, 렘 수면이란 바로 '이 기간의 잠'을 가리키는 용어다. 꿈을 꾸면서 무언가 움직이는 모습을 보기 때문에 렘이 발생하는 것 같지만, 시각 능력이 없는 갓 태어난 아기나 뱃속의 태아, 심지어 시각장애인에게서도 렘이 발생하기에 꿈에 보이는 움직이는 모습과 별 관계가 없는 것 같다.

사람에게만 렘 수면이 있는 게 아니라, 고양이나 다람쥐와 같은 포유류는 물론이고 조류에게서도 렘이 관찰된다고 한다. 다음에 제시한 그림은 성인成人의 수면 중에 일어나는 뇌파의 변화를 나타낸 것이

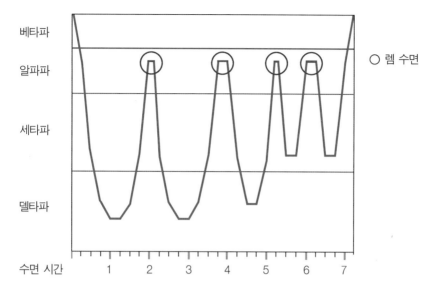

수면 중 뇌파의 변화. 수면 중 약 4회 정도 나타나는 선잠, 즉 렘 수면이 있어야 위기를 모면하여 밤새 안녕할 수 있다.

다. 그림 상단의 베타파β波는 깨어서 활동할 때 나타나는 뇌파로 주기가 12~30헤르츠 정도 된다. 헤르츠Hz란 사이클Cycle과 같은 의미로 1초 동안에 일어나는 진동 횟수를 의미한다. 그 밑의 알파파α波는 8~12헤르츠로 눈을 감고 있을 때나 편안히 쉴 때 발생한다. 그 아래의 세타파θ波나 델타파δ波는 더 깊은 잠에 들었을 때의 뇌파다. 그림에서 보듯이 총 7시간 가량 잠을 잔다고 할 때 1시간 30분 정도의 간격으로 4회의 렘 수면이 발생한다.

렘이 일어나는 동안에 뇌의 신경 활동은 각성覺醒 시와 똑같기에, 렘 수면을 '깨어 있는 잠' 또는 '역설적인 수면Paradoxical Sleep'이라고 부른다. 성인의 경우 전체의 잠 가운데 20~25%, 갓 태어난 어린아이의 경우는 전체 잠의 80% 정도가 렘 수면이라고 한다. 역으로 해석하면 '렘이 없는 깊은 잠'의 길이에서 성인이나 영아는 별 차이가 없다.

렘 수면을 해명하는 여러 가지 학설이 있다. '개체발생의 가설Ontogenetic Hypothesis'에서는 렘 수면을 통해 뇌신경에 자극을 가하여 뉴런 간의 연결이 보다 견고해지게 만들어 신경계를 발달시킨다고 풀이한다. 성장기에 잠을 박탈하면 행동장애가 오고, 뇌의 부피가 줄어들며, 뉴런이 사멸한다는 점, 그리고 나이가 들수록 렘 수면의 양이 줄어든다는 것을 증거로 삼는다.

그런데 진화생물학과 관련하여 신뢰가 가는 이론은 '파수꾼 가설Sentinel Hypothesis'이다. 이는 1966년에 프레드릭 스나이더Frederick Snyder라는 사람이 주장했던 이론이다.주10 쥐, 고슴도치, 토끼, 붉은 털 원숭이의 경우 렘 수면 직후 살짝 깼다가 다시 잠에 드는데, 이런 수면 습관을 가질 경우 포식자의 공격을 피해서 생존할 확률이 높아진다.

렘 수면 중에는 조그만 자극에도 쉽게 깬다. 얼마 전까지만 해도 "밤새 안녕하셨어요?"가 아침인사 가운데 하나였듯이, 위험한 일들은 대개 밤에 일어난다. 무장을 해제하고 곯아떨어진 한밤중에도 '선잠'과 같은 렘 수면이 4~5회 발생해야 위험을 피해서 목숨을 부지할 확률이 높아진다. 그런 잠 습관이 각인된 유전인자를 갖는 사람만이 자손을 남길 수 있었다. 렘 수면에 대한 진화생물학적 풀이다. 사성제四聖諦 가운데 고성제苦聖諦를 실감케 하는 '불안한 잠'의 흔적이다.

26   오욕락에 대한 분석
_ 재물욕과 명예욕은 식욕과 성욕에 근거한 2차적 욕망이다

불전을 보면 '재색명식수 지옥오조근財色名食睡 地獄五條根'주11이란 말이 있다. 재물욕, 성욕, 명예욕, 식욕, 수면욕의 다섯 가지 욕망이 내생에 지옥에 태어나게 만드는 뿌리라는 가르침이다. 이런 다섯 욕망을 추구하는 과정에서 내가 남에게 준 고통은, 인과응보의 이치에 따라 내생에 나에게로 되돌아온다. 지옥의 고통이다.

불전에서는 생명이 살아가는 현장을 욕계欲界, 색계色界, 무색계無色界의 세 곳으로 구분한다. 이를 삼계三界라고 부른다. 색계는 선禪을 닦는 수행자가 태어나는 곳으로 거친 식욕과 음욕이 끊어지고 '빛과 같은 몸色'과 '정신'으로만 이루어진 천신들이 사는 곳이다. 무색계는 몸은 물론이고 그 어떤 물질도 없으며無色, 오직 '정신적 삼매경'만 지속되

	삼계	번뇌의 종류
상계 上界	무색계 無色界 색계 色界	오상분결 - 색탐, 무색탐, 도거, 교만, 무명 五上分結 - 色貪, 無色貪, 掉擧, 驕慢, 無明
하계 下界	욕계 欲界	오하분결 - 유신견, 계금취견, 의심, 욕탐, 분노 五下分結 - 有身見, 戒禁取見, 疑心, 欲貪, 忿怒

삼계와 번뇌.

는 곳이다. '공무변삼매空無邊三昧, 식무변삼매識無邊三昧, 무소유삼매無所有三昧, 비상비비상삼매非想非非想三昧'와 같은 갖가지 삼매를 성취한 수행자는 내생에 자신이 성취했던 삼매의 상태를 오래 지속한다고 하는데 이를 무색계31라고 부른다. 욕계의 중생은 남녀, 암수의 성性과 몸色과 정신으로 이루어져 있다. 색계와 무색계 모두 하늘나라, 즉 천상天上에 해당하지만 욕계에도 사천왕천, 도리천, 야마천, 도솔천, 화락천, 타화자재천의 여섯 하늘나라가 있다고 한다. 우리 인간들과 짐승 모두 육신肉身, 또는 육체肉體라고 불리는 '고기肉 몸身'을 갖고 살아가는 욕계의 중생이다.

---

31 공무변삼매(空無邊三昧)는 '객관인 허공이 무한함을 자각하는 삼매', 식무변삼매(識無邊三昧)는 '주관인 식이 무한함을 자각하는 삼매', 무소유삼매(無所有三昧)는 '객관과 주관이 모두 없는 삼매', 비상비비상삼매(非想非非想三昧)는 '(무소유삼매의) 없음이라는 생각도 없지만(非想), 그렇다고 해서 생각이 아예 없는 것이 아닌(非非想) 삼매'다. 이런 삼매의 하늘나라에 태어나면 차례대로 2만겁, 4만겁, 6만겁, 8만겁을 그 상태 그대로 머문다고 한다. 따라서 무색계는 '하늘나라의 감옥'이다. 오랫동안 삼매에 빠져 불교수행을 할 기회를 잃어버리기 때문이다.

삼계 가운데 욕계를 하계下界라고 부르고, 색계와 무색계를 합하여 상계上界라고 부르기도 하는데, 상계에 올라가서도 남아 있는 다섯 번뇌를 오상분결五上分結[32], 욕계의 중생에게만 있는 하계의 다섯 번뇌를 오하분결五下分結이라고 한다. ①고기 몸에 내가 있다고 착각하는 유신견有身見, ②삿된 종교 의식에 현혹되거나 계율만으로도 해탈이 가능하다고 믿는 계금취견戒禁取見, ③불교에 대한 의심疑, ④동물적 욕망欲貪, ⑤분노심瞋恚의 다섯이다. 이런 다섯 가지 번뇌를 완전히 끊으면 내생에 색계 이상에서 '빛의 몸'을 갖는 천신으로 태어난다. '고기 몸'에서 벗어나는 것이다. 거친麤 식욕과 성욕의 굴레에서 벗어나는 것이다. 불교의 출가수행자가 성취해야 하는 1차 목표다.

인간이나 짐승과 같은 욕계 중생의 몸인 '고기 몸'의 중심은 얼굴 중앙에 뚫린 '입'과, 사타구니에 붙은 '성기'다. 입을 통해 식욕을 채워서 몸을 유지하고, 성기를 통해 성욕을 충족하여 2세를 생산한다. 식욕과 성욕. '고기 몸'으로 이루어진 인간과 짐승의 근본 욕망이다. 그리고 오욕 가운데 재물욕은 식욕과 성욕의 충족을 위한 2차적인 욕망이다. 재물로 음식을 획득하고 이성을 유혹할 수 있기 때문이다.

명예를 얻고자 하는 욕망 역시, 그 뿌리는 식욕과 음욕에 있다. 우리는 식구나 친척, 친구와 같이 '아는 사람'에게는 기꺼이 먹을 것을 준

---

32   오상분결 가운데 ①색탐은 '색계의 하늘나라에 태어나고자 하는 욕망', ②무색탐은 '무색계의 하늘나라에 태어나고자 하는 욕망', ③도거는 '들뜬 마음', ④교만은 '잘난 체하는 마음', ⑤무명은 '근본적인 어리석음'을 의미한다.

다. 섹스 역시 마찬가지다. 근친은 예외지만 모르는 사람보다 아는 사람과 섹스를 할 가능성이 높다. 명예가 있다는 것은 많은 사람들에게 '아는 사람'이 된다는 것을 의미한다. 따라서 먹이 획득과 섹스에서 남보다 유리해진다. 명예욕 역시 식욕과 성욕에 뿌리를 둔 2차적인 욕망이다. 호랑이는 죽어서 가죽을 남기고 사람은 죽어서 이름을 남긴다고 하지만, 명예욕 역시 동물적인 욕망에 뿌리를 둔 추악한 욕망일 뿐이다. 사람이 살아갈 때 명예보다 중요한 것이 그 사람의 '행위Karma'다. 명예는 내생으로 가져가지 못하지만, 행위는 업의 종자가 되어 그의 마음 밭에 간직되었다가 내생의 길흉화복을 결정하기 때문이다.

또 '불안한 잠'의 흔적인 렘 수면에서 보듯이, 생명의 세계에서 편안히 푹 자는 것은 참으로 드문 일이다. 수면이 지친 '고기 몸'을 쉬게 하는 자연스러운 생리 현상이긴 하지만 약육강식의 밀림에서 이를 만끽하는 것은 쉽지 않다. 포식자가 항상 내 목숨을 노리고 있기 때문이다.

식욕과 성욕은 물론이고 재물욕과 수면욕, 그리고 명예욕, 모두 먹고 먹히는 '고기 몸'에서 솟는 욕망들이다. 나의 마음이 '고기 몸'에서 솟아나는 식욕, 성욕, 재물욕, 수면욕, 명예욕의 다섯 가지 욕망에 휘둘리지 않게 하는 것. 불교 수행의 첫 걸음이다.

27 뇌는 우리 몸의 주인이 아니다

_ 불교 수행의 1차 목표는 뇌가 분수를 지키게 하는 것

모든 동물에게 뇌가 있는 것이 아니다. 하등동물 가운데에는 뇌가 없는 것이 많이 있다. 지렁이의 경우 몸통 앞뒤로 입과 항문만 뚫려 있다. 식도 또는 창자와 나란히 신경계가 달리다가 입 구멍 안쪽에서 두툼해져서 '근접 화학 탐지기'인 혀의 기능을 하지만 뇌는 없다.

멍게의 경우는 뇌가 있다가 없어진다. 다 큰 멍게는 바위에 붙어살지만 올챙이와 비슷하게 생긴 어린 멍게c는 헤엄을 치며 다닌다. 다음 쪽 그림에서 보듯이 알a, b에서 나온 멍게 유생幼生에게는 뇌에 해당하는 간단한 신경계도 있고 한 쌍의 눈도 달려 있지만c 어느 정도 자라면 적당한 곳을 찾아 단단히 부착한 후d 입수공入水孔과 출수공出水孔

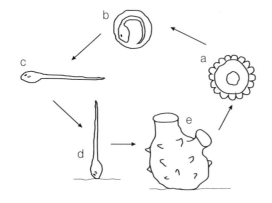

멍게의 일생. 유생으로 활동할 때는 눈과 뇌과 나타났다가(b, c), 성체가 되어 고착 생활을 하면(e) 눈과 뇌가 사라진다.

으로 바닷물을 순환시키며 영양분을 섭취한다e. 이때 유생 때의 뇌는 쓸모가 없어지기에 흡수되어 사라진다. 일반적으로 대부분의 동물은 성체가 될수록 뇌가 더 발달하는데 멍게는 이와 반대인 것이다.

진화의 과정에서 뇌는 한참 나중에 나타난다. 몸의 중심은 입과 성기다. 뇌가 없어도 입과 성기만 기능하면 2세를 생산하여 대를 이을 수 있다. 멍게에게서 보듯이 뇌는 몸의 활동을 보조하기 위한 2차적인 기관이지, 몸의 중심이 아니다.

인간 종이 짐승의 세계에서 최강의 포식자로 등극하게 된 것은 언어 중추가 발달했기 때문이다. 뇌의 기능 가운데 음성언어를 만들어 내고 이해하는 능력이 탁월하기 때문이다. 새든 고양이든 인간이든 성대를 울려서 '고기 몸肉身'의 내적 상태를 남에게 나타낸다. 인간은 입술과 혀의 근육을 다양하게 움직여서 각종 소리를 만들어낸다. 구강의 부피와 바람이 나가는 출구의 모양에 따라 다양한 모음이 만들어진다. 혀를

놀려서 구강 속의 이곳저곳에 대거나 입술을 사용하여 '아설순치후牙舌脣齒喉'의 자음을 만들어낸다. 그리고 이런 자음과 모음의 조합에 근거하여 음절, 단어, 문장이 차례로 만들어진다. 이렇게 만들어진 음성 신호는 갖가지 사물과 사건을 상징한다. 음성 신호의 수와 종류에서 인간은 다른 짐승을 압도한다. 한 세대에 이룩한 기술이 음성 신호, 즉 언어를 통해서 다음 세대로 계속 전달되어 문명의 누적이 이루어짐으로써, 인류는 그 어떤 종도 넘보지 못하는 최강의 포식자가 되었다.

그런데 문명이 극도로 발달하면서 주객이 전도되었다. '고기 몸'을 위한 부속 기관인 '뇌'가 주인 행세를 하는 것이다. 몸에서 유리되어 제멋대로 노는 것이다. 각종 신경질환이 발생한다. 히스테리, 우울증, 정신분열증, 공황장애……. 몸의 '종'이 되어야 할 뇌가 '주인' 노릇을 함으로써 일어나는 정신질환들이다. 불교 수행의 기초는 뇌를 본래 자리로 되돌리는 데 있다. 매 순간 촉감의 변화를 주시하는 위빠싸나[33] 수행을 통해 뇌는 본래 기능을 회복한다. 몸에 순종하는 것이다. 화두[34]를

ಀ ಀ ಀ

33 위빠싸나(VipassanāⓅ): 산스끄리뜨어로는 VipaśyanāⓈ. 현재 미얀마, 태국, 스리랑카 등 남방상좌부 불교계에 널리 보급되어 있는 수행법. 가만히 앉아서 들숨과 날숨의 변화를 있는 그대로 살펴보는 것에서 시작하여, 길을 걷거나 음식을 씹거나 몸을 움직일 때 일어나는 촉감에 항상 주의를 기울임으로써 "모든 것이 변하면 고정된 실체는 없다."는 무상(無常)과 무아(無我)의 진리를 체득하는 수행이다. 이를 통해 뇌는 '몸'을 위한 보조 기관으로서의 본래 기능을 회복한다.

34 화두(話頭). 공안(公案)이라고도 한다. 동아시아 불교계의 좌선 수행 가운데 '간화선(看話禪: 화두를 보는 선)'에서 의문의 대상으로 삼는 옛 선승의 가르침이나 일화다. "이뭐꼬(是甚麽)?", "개에게도 불성이 있느냐는 물음에 대해 조주 스님이 왜 '무(無)'라고 했을까(趙州無字)? 무, 무, 무……", "달마 스님께서 서쪽에서 오신 이유에 대해 여쭈니 조주 스님께서 뜰 앞의 잣나무(측백)를 가리키신 이유는 무엇일까(庭前栢樹子)?", "다자탑 앞 법회에 뒤늦게 참석한 가섭에게 부처님께서 당신이 앉은 자리의 반을 내어주신 이유는 무엇일까?(多子塔前分半座)" 등을 화두로 삼는다.

들고서 생각을 중도中道[35]의 궁지窮地로 몰고 가는 간화선 수행을 통해 우리의 생각은 흑백논리의 이분법에서 벗어난다. 화두를 타파하여 생각이 폭발하면 '뇌의 장난질'이 사라진다. 종교적, 철학적 의문에서 해방되는 것이다. '입차문래 막존지해入此門來 莫存知解, 이 문 안에 들어온 후에는 알음알이를 내지 말라'. 서산西山, 1520~1604 대사의 ≪선가귀감禪家龜鑑≫에 인용된 평전 보안平田 普岸, 770~843 선사의 말씀이다. 뇌가 분수를 지키게 만드는 가르침이다.

---

35 중도(中道)를 문자 그대로 풀면 '가운데 길'이 되겠지만, 불교에서 말하는 중도는 '양 극단에 대한 비판'을 의미한다. 그래서 불이(不二)중도라고 부르기도 한다. 요즘말로 바꾸면 '탈이분법(脫二分法)'이다. 중도를 자각할 때 우리의 생각은 흑백논리의 이분법에서 벗어나 삶과 죽음의 고민에서 해방되고, 우리의 마음은 나와 남을 가르는 이분법에서 벗어나 자타불이(自他不二)의 동체대비(同體大悲, 모두가 한 몸이라서 남의 슬픔을 내 슬픔으로 느끼는 자비)를 실현하며, 사회적으로는 차별의 이분법을 타파하는 정의를 실천한다.

28 꽃은 왜 아름다운가?

_ 수분을 위해 곤충과 동물을 유인하는 색깔과 향기

긴 겨울을 지나면 마른 나뭇가지에 자잘하게 붙은 연노랑 꽃들이 회갈색 산야를 군데군데 채색하기 시작한다. 한반도 중부에서 봄을 전하는 첫 전령傳令, 산수유 꽃이다. 이어서 진달래, 개나리가 꽃망울을 터뜨리고, 하얀 목련이 화사하게 피면서 봄이 익어가다가, 벚꽃이 팝콘처럼 터질 때 봄은 절정에 이른다.

장미, 백합, 옥잠화, 튤립, 금낭화, 산딸나무, 나팔꽃, 국화, 코스모스, 난초, 할미꽃, 배롱나무, 패랭이꽃, 카네이션, 수선화, 해당화, 복사꽃……. 이름도 가지가지이고 모양과 색깔도 제각각이지만 하나하나 모두 아름답다.

일본 헤이안 시대의 구카이空海 스님774~825은 일본의 문자인 히라가

복사꽃. 식물의 생식
기인 꽃은 진한 향기
와 색깔로 동물을 유
인하여 수분(동물의
교미)을 일으키고, 열
매는 동물의 먹이가
되어 종자를 널리 퍼
뜨린다.

나의 낱낱 음들을 한 번씩만 사용하여 다음과 같은 시를 지었다.

いろはにほへと　ちりぬるを	이로하니호에토 치리누루오,
わかよたれそ　つねならむ	와가요다레소 츠네나라무.
うゐのおくやま　けふこえて	우이노오쿠야마 케후코에테,
あさきゆめみし　ゑひもせず	아사키유메미지 에히모세즈.주12

번역하면 "아름다운 꽃도 언젠가 지고 마나니, 우리의 세상에서 누
군들 영원하리. 유위有爲의 깊은 산을 오늘도 넘어가노니, 헛된 꿈도 꾸
지 않고 취하지도 않으리라." 무상無常의 가르침이다. 예부터 일본인들은
이 시의 히라가나 배열을 순서를 매기는 데 많이 사용하였다.

구카이 스님이 노래하듯이 아름다운 꽃도 언젠가 지고 만다. 그러

나 그것이 끝이 아니다. 꽃이 지면 열매를 맺는다. 그리고 열매는 씨앗으로 땅에 묻혀 뿌리를 내리고, 떡잎을 틘 후 성장하다가 다시 꽃을 피우고 결실이 이루어진다.

불전에서는 이렇게 씨앗 → 싹 → 잎 → 마디 → 줄기 → 봉오리 → 꽃 → 열매로 이어지는 식물의 생장 과정을 '외연기外緣起'라고 부른다. 혼을 갖지 않는 '무정물無情物의 연기'다. 이에 대비하여 '어리석음을 의미하는 무명無明'에서 시작하여 '탄생生과 늙어죽음老死'까지 열두 단계로 이어지는 십이연기十二緣起는 '내연기內緣起'라고 부른다. 이는 윤회하는 중생, 즉 '유정류有情類의 연기'다.

양자를 비교하면 다음과 같다.

외연기 무정물(식물)	씨앗 → 싹 → 잎 → 마디 → 줄기 → 봉오리 → 꽃 → 열매(씨앗)
내연기 유정류(중생)	무명 → 행 → 식 ↔ 명색 → 육입 → 촉 → 수 → 애 → 취 → 유 → 생 → 노사

꽃이 지면 열매를 맺는다. 여자들이 꽃을 좋아하는 이유는, 꽃이 있는 곳에서 나중에 열매를 얻을 수 있기 때문이란다. 선사 시대부터 열매 채집을 담당해야 했던 여자들의 습관이 유전자에 각인되었기 때문이다. 진화생물학적으로 표현하면, 꽃을 좋아하는 유전인자를 갖는 여자들이 먹이 획득에 유리했고 남보다 많은 자손을 남길 수 있었기 때문이다.

꽃은 아름답다. 그러나 짐승의 기관에 빗대어 표현하면 흉측하게도 꽃은 식물의 생식기다. 동물의 경우 수컷의 정자와 암컷의 난자가 만나서 수정란이 생기듯이, 식물의 경우 정자에 해당하는 수술의 꽃가루가 난자에 해당하는 암술에 닿아야 씨앗이 생기고 열매가 열린다. 그래야 그 식물종이 계속 미래로 이어진다. 수술과 암술이 있는 부분이면서 열매가 열리는 부분이 동물의 눈에 잘 띄는 식물만이 멸종하지 않고 널리 퍼져서 번식하였다. 그런 부분이 바로 꽃이다.

화석 연구에 따르면 육상에서 식물이 번식한 것은 약 5억 년 전부터지만, 화려한 꽃이 나타나기 시작한 것은 열매를 먹이로 삼는 파충류나 조류, 포유류 등 육상 척추동물이 출현한 다음인 1억 2천 5백만 년 전부터라고 한다. 식물의 꽃은 잎과 달리 아름답고 향기롭다. 짐승의 눈과 코를 강하게 자극하기에 쉽게 발견된다. 나비나 벌과 같은 곤충이 날아와 즙을 빨면서 꽃 속을 헤집을 때 수분受粉이 일어난다. 열매를 맺는다. 열매에서 과육은 짐승의 먹이가 되지만 단단한 씨앗은 소화되지 않는다. 새나 들짐승이 멀리 이동하여 씨앗을 배설한다. 짐승의 변을 비료 삼아 씨앗이 발아한다. 수분과 번식. 식물의 생식기관인 꽃과 열매가 아름답고 향기롭게 진화한 이유다.

29 턱으로 소리를 듣다

_ 땅의 진동을 감지하던 턱뼈의 접촉부가 귀로 변하다

앞의 제5장에서 설명했듯이 눈, 코, 혀의 원래 용도는 '먹이 탐지'였다. 눈은 '원격遠隔 광학 탐지기', 코는 '원격 화학 탐지기', 혀는 '근접近接 화학 탐지기'라고 부를 수 있다. 먼 곳에 있는 먹이를 눈으로 탐지하면, 가까이 다가가 코로 냄새를 맡아 그 성분을 짐작한 후, 입에 넣고 깨물어서 혀로 그 맛을 확인하여 목구멍으로 넘긴다. 눈, 코, 혀의 3단계 검토를 거친 먹이만 우리의 '고기 몸肉身'에 수용된다.

눈, 코, 혀와 반대로 귀의 주된 기능은 '먹히지 않게 하는 것'이었다. 사람을 포함한 육상동물은 공기의 진동을 귀로 탐지하고, 물고기는 물의 진동을 옆줄로 탐지한다. 옆줄이나 귀는 '매질媒質 진동 탐지기'

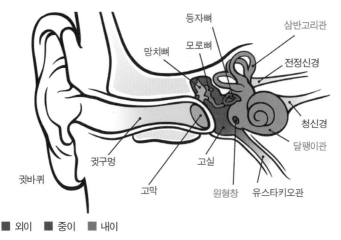

귀의 해부학적 구조. 포유류가 되어 비로소 나타나는 중이의 망치뼈와 모로뼈는 양서류나 파충류의 아래턱과 위턱 후방의 접촉부에서 유래하였다. 턱을 땅에 대고 있을 때 땅의 진동이 재생되던 부분이다.

다. 나보다 몸집이 큰 동물이 움직일 때 물이든, 공기든 매질이 진동하며 그 소리가 나에게 들린다. 몸을 피한다. 약육강식의 세계에서 큰 놈은 내 몸에 위해를 가할 수 있기 때문이다.

귀는 '외이外耳'와 '중이中耳'와 '내이內耳'의 세 부분으로 이루어져 있다. 위 그림에서 보듯이 외이는 귓바퀴와 귓구멍, 중이는 고막과 이소골과 유스타키오관, 내이는 삼반고리관과 달팽이관으로 이루어져 있다. 중이는 문자 그대로 '중간에 위치한 귀'로 고막과 달팽이관 사이의 공기가 차 있는 부분이다. 고막을 경계로 안팎에 기압 차이가 생기면 고막이 한쪽으로 당겨져서 귀가 먹먹해진다. 그때 침을 꿀꺽 삼키면 근육이 움찔하여 유스타키오관이 열리면서 안팎의 기압차가 해소되기에 귓속이 편안해진다. 이곳에 염증이 생기는 질병을 중이염이라고 부른다.

그런데 중이에는 작은 뼛조각이 세 개 있다. 그림에서 보듯이 망치뼈 Malleus와 모로뼈Incus와 등자뼈Stapes다. '귓속의 작은 뼈'라는 의미에서 이를 '이소골耳小骨'이라고 부른다. 망치뼈와 등자뼈는 생김새를 보고 붙인 이름이다. 망치뼈는 망치처럼 생겼고 등자뼈는 등자처럼 생겼다. 등자鐙子는 말을 타고 앉아 두 발을 디디는 기구로 알파벳 D를 눕힌 모양이다. 그리고 두 뼈를 연결하며 모로 누워 있는 것이 모로뼈다. 소리가 고막을 진동시키면 인접한 망치뼈에 전달되고, 망치뼈의 진동은 대각선으로 기울어진 모로뼈로 전달되며, 이는 다시 등자뼈에 전달되어 달팽이관을 두드린다. 세 개의 뼈가 맞닿아 진동을 전하기에 보다 높은 주파수의 소리를 들을 수 있다고 한다. 달팽이관에서 해석된 소리는 청신경을 통해 뇌의 측두엽으로 흘러가 청각중추에 신경회로를 형성한다.

세 개의 이소골 가운데, 등자뼈는 양서류나 파충류에게도 있는 것으로 육기어류의 아가미궁鰓弓 외측에서 유래한다. 한편, 망치뼈와 모로뼈는 포유류에게만 있는 것으로 파충류의 턱에서 유래하는데, 망치뼈는 파충류의 아래턱 후방의 방형골方形骨에서 모로뼈는 위턱 후방의 관절골關節骨에서 유래한다. 엎드려서 턱을 바닥에 대고 있을 때 바닥이 쿵쿵 울리면 서로 맞부딪히는 부분이다.

진화 과정에서 처음 뭍으로 올라온 양서류는 옆줄은 있었으나 귀는 발달하지 못했다. 양서류가 파충류로 진화하였고 기온의 변화가 심해지면서 파충류 가운데 한 종이 항온동물인 포유류로 진화하였다. 지면에 턱을 대고 있다가 턱에서 진동이 느껴지면 재빨리 몸을 피했다. 진동은 거대한 공룡의 발걸음을 의미하기 때문이었다. 육중한 포식자의 접근을 감지하던 '아래턱과 위턱 후방의 접촉부'에서 두 조각 뼈가 떨어져 망치뼈와 모로뼈가 되었다. 공기의 미세한 진동까지 포착하는 포유류의 '예민한 귀'가 탄생하였다. 턱의 일부가 귀로 진화했다.

30 진화의 **굴절적응**과 **손발**의 변신

_ 지느러미가 발이 되었다가 천수관음과 같은 손이 되다

굴절적응屈折適應, Exaptation이라는 용어
가 있다. 진화 과정에서 신체 기관이 본래 기능과 다르게 쓰이는 현상
을 의미하는 학술 용어다. 예를 들어서 새의 깃털은 원래 들짐승의 털
과 같이 보온 기능을 하였는데, 나중에는 하늘을 나는 데 사용된다.
요컨대 보온용 담요가 날개가 된 것이다. 벌이 산란기관에서 침을 쏘
아 적을 물리치는 것이나 포유류에서 땀샘이 유선乳腺으로 바뀌어 젖을
분비하는 것도 굴절적응의 예들이다. 찰스 다윈은 이런 현상을 전적응
前適應, Preadaptation이라고 명명하였지만 '목적론의 오해'를 야기할 수 있
기에 최근에는 굴절적응이라는 술어術語가 주로 쓰인다.

사지四肢의 경우는 더 드라마틱하다. 뼈와 근육으로 이루어진 육기

어류의 앞뒤 지느러미가 양서류와 파충류의 네 다리가 되었다. 물을 밀어서 헤엄치던 네 지느러미가, 땅을 밀치고 전진하는 파충류와 포유류의 네 발이 된 것이다. 포유류 가운데 일부가 포식자를 피해서 나무 위에 오르면서 땅을 기던 네 발이 나뭇가지를 잡는 네 손으로 바뀐다. 엄지발가락이 굵어지고 갈라지면서 영장류의 네 손이 된 것이다. 나무 위에 살던 영장류 가운데 영민하게 진화하여 자신감이 생긴 일부가 다시 땅으로 내려와 직립하면서 아래의 두 손은 두 발로 회귀한다. 잡는 기능이 사라졌기에 발가락이 모두 짧아지고 발바닥은 평평해진다. 인간의 발이다. 더 이상 나뭇가지를 잡을 필요가 없기에 두 손에 여유가 생겼다. 자유로워진 인간의 손은 강력하고 정교하고 화려한 문명을 창출하였다.

굴절적응이 가능한 이유는 하나의 사건이나 사태 속에 무한한 의미가 담겨 있다는 '화엄華嚴의 이치'가 이 세상을 지배하기 때문이다. ≪화엄경≫에서는 이를 '일중해무량一中解無量'이라고 노래한다. '하나 속에서 무한을 해석한다'는 뜻이다. '일중일체一中一切' 또는 '일즉일체卽一切'라고 표현하기도 한다. '하나 속에 모든 것이 담긴다'거나 '하나가 곧 모든 것이다'라는 뜻이다. 하나의 사건이나 사태는 무한한 의미로 해석될 수 있다.

이와 마찬가지로 우리의 몸을 이루고 있는 사지四肢와 오관五官 등 낱낱의 기관에는 무한한 용도가 잠재되어 있다. 육기어류의 지느러미가 환경의 변화에 따라서 계속 그 용도를 바꿀 수 있는 이유는, '하나 속

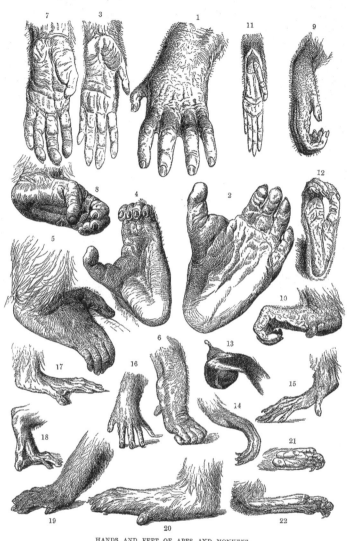

HANDS AND FEET OF APES AND MONKEYS.

유인원과 원숭이의 손과 발. 육상 사지동물의 네 발이, 나무 위에 오른 원숭이에서는 네 손이 되었다가, 다시 지상으로 내려와 직립한 유인원에서는 두 손과 두 발로 나누어졌다.

천수관음상. 직립보행과 함께 해방된 인간의 두 손은 관세음보살의 천 개의 손처럼 온갖 일을 한다.

에 무한이 담긴다'는 화엄의 이치가 작용하기 때문이었다. 물속에서는 '밀치기', 땅위에서는 '딛기', 나무 위에서는 '잡기'로 변한다. 상황에 맞추어 그 용도가 나타났다. 조건緣에 따라 새로운 기능이 생긴起 것이다. 연기緣起한 것이다.

그러다가 나무 위의 영장류가 땅위로 내려와 직립보행하면서 두 손이 해방되었다. 나뭇가지를 잡는 부속 기관의 숙명에서 자유로워졌다. 인간은 이런 손을 '온갖 일'에 쓰면서 짐승의 세계에서 최강의 포식자로 등극하였다. 도구를 만든다. 신호를 보낸다. 박수를 친다. 남을 보살핀다. 음식을 만든다. 약을 바른다. 집을 짓는다. 그림을 그린다. 실을 잣는다. 글씨를 쓴다. 키보드를 두드린다. 온갖 도구를 다룬다. 고통받는 온갖 중생을 갖가지 방편으로 보살피시는 관세음보살님의 손이 천수千手[36]일 수 있는 이유이기도 하다.

---

36 관세음보살은 손(手)이 천 개이고, 눈(眼)이 천 개인 천수천안(千手千眼)의 모습으로 조형되기도 한다. 이는 "천 개의 눈으로 온갖 곳을 살펴서 고통받는 중생을 찾아내어, 천 개의 손으로 온갖 일을 하여 중생을 보살핀다."는 것을 의미한다.

31 눈매가 둥글거나 째진 이유는?

_ 진화생물학의 형태 평등주의

우리나라가 전 세계에서 상위권에 오른 통계가 몇 가지 있다. 올림픽의 금메달, 은메달 얘기가 아니다. 자살률, 출산율, 이혼율이 그렇다는 말이다. 살기 힘들기에 목숨을 끊는 사람이 늘어나고, 키우기 힘들기에 아이를 낳으려 하지 않으며, 가정은 꾸렸지만 부부간의 갈등이 깊어 이혼을 한다. 요컨대 지구상에서 가장 살기 힘든 곳이 지금의 대한민국이란 말이다. 국민소득이 2만 달러를 넘어서서 절대빈곤에서는 벗어났다고는 하지만 무한비교, 무한경쟁을 모토로 삼는 '신新자유주의 이데올로기'가 그 고유의 영역을 넘어서 사회 각 분야에 무차별하게 파급되고 있기 때문에 전 국민은 하루하루를 불행 속에서 살아간다. 우리 사회는 점점 정글을 닮아간다.

쌍꺼풀 수술 전과 후.
우리나라 성형수술이
지향하는 이데아는
'서양인 외모'다.

그런데 이런 세 가지 통계 외에 우리나라가 전 세계에서 단연 1위를 차지한 분야가 있다. '단위 인구 당 성형수술 건수'에서 그렇다고 한다. 부모에게 물려받은 외모가 마음에 들지 않아 쌍꺼풀을 파서 눈을 둥글게 만들고, 코를 오뚝하게 높이고, 턱을 '브이V 라인'으로 깎아 갸름하게 만들며 치아교정을 하여 입이 들어가 보이게 만든다. 요점은 서양 사람의 모습으로 얼굴을 개조하는 것이다. 우리나라 사람들 가운데 서양인들을 너무나 숭배하는 극히 일부 사람들 사이에서 유행하는 일이긴 하다. 이들의 마음은 몸 밖으로 빠져나와 '이목구비'에서 방황한다. 항상 자신의 껍데기를 남과 비교하면서 살아가는 가장 불행한 삶이다.

진화생물학의 저변을 이루는 이데올로기 중의 하나가 평등주의다. 평등주의가 진화의 원리인 약육강식, 적자생존의 법칙과 상반되기에 의아해 하는 사람이 있겠지만, 모든 생명체는 '힘'이 아니라 '형태'에서 평등하다는 말이다. 모든 생명체는 그 형태에서 완벽하다. 모든 생명체의 형태는 진화의 정상을 점한다. 꿩의 모습보다 독수리의 모습이 멋진 것이 아니고, 늑대의 모습보다 소의 모습이 멋진 것이 아니다.

검은 피부보다 흰 피부가 아름다운 것이 아니고, 옆으로 째진 홑꺼풀의 눈보다 둥근 쌍꺼풀의 눈이 아름다운 것이 아니며, 두툼하게 튀

물고기나 새는 상하좌우의 모든 방향으로 활동하기에 눈매가 둥글고, 육상동물은 수평 방향으로 활동하기에 눈매가 좌우로 길다.

어나온 입술보다 들어간 입술이 예쁜 것이 아니다. 일조량이 많은 열대지방에서는 자외선으로부터 몸을 보호하는 멜라닌 색소가 침착된 흑인종이 적자適者다. 모래바람이 부는 곳에서는 눈이 작고 옆으로 째져야 이물질의 침입이 차단된다. 고비 사막 인근에 사는 몽골족의 눈이다. 눈매가 아시아인을 닮은 아프리카의 부시먼Bushman족 역시 칼라하리 사막에 산다고 한다. 추운 지방에서는 입술을 굳게 다물어 열기의 방출을 막고, 코가 호흡을 전담해야 적자다. 하관이 움푹하게 들어가는 반면 코는 커진다. 유럽 북부에서 생활하던 백인들의 모습이다.

　위 사진 동물의 눈을 보면 사람을 포함하여 사자나 양이나 늑대는 눈이 옆으로 째졌는데, 물고기나 새는 눈이 동그랗다. 왜 그럴까? 이 역시 그런 동물들의 생활 환경과 행동 범위에 맞추어 형성된 모습일 뿐이다. 인간을 포함하여 사자나 소는 땅위를 걷고 뛰면서 생활한다. 따라서 눈으로 탐지하는 영역이 좌우로 펼쳐져 있으며 눈동자 역시 주로 가로 방향으로 움직인다. 이에 맞추어 이들의 눈은 좌우가 길고 상하의 폭이 좁은 째진 눈이 된다. 반면에 물고기나 새나 곤충은 좌우와 상하의 모든 방향으로 이동하면서 먹이를 구한다. 수직 방향인 상하와 수평 방향인 좌우 모두 균등하게 이들의 활동 영역이기에 눈동자 역시 세로와 가로의 길이가 동등하다. 이들의 눈이 둥근 이유다. 사자나 얼룩말의 째진 눈보다 독수리나 금붕어의 둥근 눈이 예쁜 것이 아니다. 모든 생명은 아름답다. 모든 사람은 아름답다. 진화생물학의 형태 평등주의를 교훈 삼아 대한민국에서 성형 광풍이 잦아들기 바란다.

32 밀교 수행
_ '의미'를 이용한 뇌신경의 재배치

위장이나 간, 신장이나 창자와 같은 장기는 손으로 배를 지그시 눌러서 촉진할 수 있지만, 뇌는 단단한 두개골로 싸여 있기에 만질 수가 없다. 다른 장기의 경우 물리적 충격을 받아 일부가 손상되어도 시일이 지나면 상처가 아물어서 제 기능을 회복한다. 그러나 뇌의 경우는 조금만 다쳐도 행동과 인지認知에 큰 장애가 생긴다. 대부분 회복이 불가능하며 혹시 회복된다고 해도 오랜 시간 각고의 노력을 해야 한다. 외부에서 물리적 자극을 가할 수 없게끔 빈틈 없이 맞물린 두개골이 뇌를 감싸도록 진화한 이유일 것이다.

우리가 먹은 음식물은 위와 창자에서 소화되어 미세한 분자 알갱이로 분해된 다음에 모세혈관을 통해 흡수되어 혈관을 타고 전신을 돌다가 신체의 적절한 부위에 이르면 다시 모세혈관을 통해 각종 세포에 공급된다. 부패한 음식의 독소나 병원성 세균 역시 마찬가지다. 혈관을 통해 우리 몸을 돌면서 각종 장기의 세포를 파괴한다. 말하자면 '화학 물질'에 의한 손상이다. 그러나 뇌에 분포한 모세혈관의 벽은 특수한 구조로 되어 있기에 웬만한 독소나 세균의 침투로부터 뇌가 보호된다. 이를 뇌혈관장벽Blood-Brain Barrier이라고 부른다.

그런데 이런 뇌혈관장벽을 자유롭게 드나드는 화학 물질들이 있다. 대표적인 것이 알코올이다. 술을 많이 마시면 혀 꼬부라진 소리를 하고 몸을 가누기 힘들다. 뇌 속에서 특정한 몇몇 가지 신경전달물질들의 기능을 촉진하거나 방해하기 때문이라고 한다. 알코올도 그렇지만 모르핀이나 헤로인 같은 향정신성 약물들 역시 뇌혈관장벽을 통과하여 뇌 신경의 기능에 변화를 일으키는 화학 물질들이다. 이렇게 단단한 두개골과 뇌혈관장벽이라는 두 가지 장치가 뇌를 보호하고 있기에 뇌에 직접 메스를 대거나 향정신성 약물을 투여하지 않는 이상 뇌의 신경망에 변화를 일으키기는 거의 불가능하다. 그런데 불교 전통에는 뇌의 신경망을 재배치하는 강력한 수행법이 있다. 밀교[37] 수행이 그것이다. '메스'

----

37 밀교(密敎). '비밀스럽게 전수하는 가르침'이라는 뜻. 소승과 대승의 현교(顯敎) 수행이 무르익어서, 자비심이 가득하고 지혜가 출중한 수행자에게만 비밀스럽게 밀교를 전수한다. 밀교를 습득하면 신통력 등 큰 방편의 힘을 얻게 되는데, 혹시 이기심과 분노심이 남아 있는 사람이 밀교를 익혀서 자신의 욕심을 충족하거나 분노를 표출하기 위해 이를 사용할 경우 그가 행하는 악행의 위력도 커져서 내생에 그 과보로 극심한 지옥의 고통을 받게 된다고 한다. 그래서 현교의 기초 수행을 통해 보리심으로 충만한 수행자에 한하여 밀교의 테크닉을 비밀스럽게 전수하는 것이다. 비유한다면, '칼'을 어린아이에게 주지 않는 것과 같다. 소승(Hīnayāna\(\mathbb{S}\)) 및 대승(Mahāyāna\(\mathbb{S}\))을 넘어선다는 의미에서 금강승(Vajrayāna)이라고 부르기도 한다.

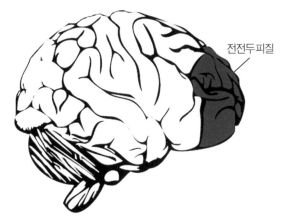

전전두피질

전전두피질(전두엽의 앞부
분). 의지적 사고와 관련된
부분으로 밀교 수행자에게
특히 발달해 있다고 한다.

나 '약물'이 아니라 '의미'를 사용하여 뇌를 변화시키는 수행이다. 밀교 경전에 씌어 있는 대로 허공에 불보살의 영상을 떠올리거나, 척추에 '쁘라나氣'라는 촉감을 만들어내어, 특정한 방식으로 그것을 운행할 경우 뇌의 신경망에 새로운 회로가 형성된다.

밀교 수행자의 뇌를 촬영해보면 특히 전전두피질前前頭皮質, Prefrontal Cortex이 발달해 있다고 한다. 의지적 사고와 관련된 부분이다. 생각의 힘, 즉 염력念力으로 가상假想을 떠올리는 수행을 되풀이한 결과다. 밀교 수행을 통해 심장의 박동이나 체온 조절과 같이 자율신경이 지배하는 영역까지 뇌신경이 연결되기도 한다. 1982년 티벳 출신의 밀교 수행자를 대상으로 실험을 했는데 수행 중에 손가락의 온도가 8.3℃ 정도 상승했다고 한다.주13

밀교 수행은 화학 물질이나 물리적 자극이 아니라 '의미'를 통해 뇌를 변화시키는 가치중립적인 심신의학心身醫學이다. 수백 년 이상 전승되면서 검증된 방법이다. 중생 가운데 언어에 의한 정보 교환 능력이 탁월한 인간 종種에게만 가능한 방법이다.

33 연기가 있는 곳에 불이 있다

_ 뇌신경의 방향성과 논리적 사유

우리 몸에는 여러 가지 장기가 있지만 의외로 가장 단순한 것이 뇌다. '그림 54'와 같은 뉴런Neuron이라는 신경세포들이 그물처럼 서로 얽히고 이어져 있다. 신경세포란 요컨대 '단백질과 지방질로 만들어진 전선電線'일 뿐이다. 일반 전깃줄과의 차이는 방향성이 있다는 것과 뉴런을 단위로 중간 중간이 끊어져 있다는 점이다. 수상돌기로 들어온 전기 자극은 세포체에서 축색을 따라 흐르다가 뉴런의 말단에 도달하면 신경전달 물질을 분비시켜서 인접 뉴런을 점화한다.

뉴런과 뉴런의 연결부를 시냅스라고 부른다. 성인成人의 뇌는 약 850억 개의 뉴런과 $10^{14} \sim 10^{15}$개의 시냅스로 이루어져 있다고 한다. 새로

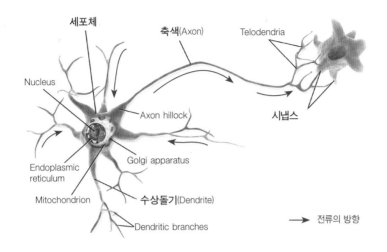

세포체
축색(Axon)
Telodendria
Nucleus
Axon hillock
시냅스
Endoplasmic reticulum
Golgi apparatus
Mitochondrion
수상돌기(Dendrite)
Dendritic branches
→ 전류의 방향

뉴런의 구조. 단적으로 말해 단백질과 지방질로 만들어진 전선일 뿐이다. 방향성이 있으며 시냅스를 통해 다른 전선과 연접한다는 점에서 금속제의 일반 전선과 다르다.

운 경험을 하여 그것을 기억할 때 뇌에서는 그에 해당하는 시냅스들이 개통되고, 그와 반대로 노화와 함께 뉴런과 시냅스가 파괴되면서 그 부위와 관계된 기억들이 사라진다.

그런데 뉴런의 이런 특성은 우리의 논리적 사고와 밀접한 연관을 갖는다. 논리적 사고가 가능하기 위해서는 '변충遍充'[38]이 성립해야 한다. '변충'은 영어 디스트리뷰션Distribution의 번역어다. 산스끄리뜨어로는 '위 야쁘띠Vyāpti'라고 쓴다. 예를 들어 설명해보자. 먼 산 위로 연기가 피어오르는 것이 보일 때, 그 산속 어딘가에 불이 있다고 순간적으로 추

꽃꽃꽃

38 또는 주연(周延) 관계라고도 한다.

리할 수 있는데 이 추리를 불교논리학의 삼지작법三支作法으로 정리하면 다음과 같다.

주장宗: 저 산에 불이 있다
이유因: 연기가 있기 때문에
실례喩: 마치 아궁이처럼

여기서 '마치 아궁이처럼'이라는 '실례喩'는 '연기가 있는 곳에는 반드시 불이 있다'는 점을 의미하며 이것이 변충 관계다. 인도논리학, 불교논리학에서 말하는 위야쁘띠 관계다. '연기가 있는 곳에는 반드시 불이 있다'는 점은 옳다. 그러나 이와 반대로 '불이 있는 곳에 반드시 연기가 있다'고 하면 옳지 않다. '붉게 달아오른 숯불'이나 '가스 불'과 같은 반례反例가 발견되기 때문이다. 다시 말해 '연기→ 불'의 조건 관계는 성립해도, '불→ 연기'의 조건 관계는 성립하지 않는다. 이때 '연기는 불에 변충된다'고 표현한다. 그리고 이런 식의 변충 관계는 모든 논리적 사유의 토대다.

우리의 경험은 뇌에 '뉴런들의 회로回路'를 형성한다. 이른바 '기억'에 저장되는 것이다. 그리고 나중에 그와 동일한 회로를 타고서 우리의 '식識'이 다시 흐를 때 그 특정 경험이 '기억'에 떠오른다. '회상'의 과정이다. 대뇌피질의 다양한 '회로 군群'들은 다른 '회로 군'들과 뉴런에 의해 연결되어 있으며 이런 연결부 가운데 대표적인 것이 '연합피질Association

Cortex'들이다. 그런데 뉴런에는 방향성이 있기에 '연기煙氣 개념'과 관계된 '회로 군Circuit Group'에서 발생한 모든 전류는 연합피질의 뉴런을 통해 '불 개념'과 관계된 '회로 군'으로 흘러들어갈 수 있어도, 이와 반대로 '불 개념'과 관계된 '회로군' 가운데 일부에서 발생한 전류는 '연기 개념'과 관계된 '회로 군'으로 흘러들지 못한다. 예를 들어 '숯불'이나 '가스불'과 같이 '연기가 없는 불'과 관계된 '회로 군'에서 발생한 전류다. 그래서 연기는 불에 변충되어도 불은 연기에 변충되지 않는다. '뉴런의 방향성'이라는 뇌신경의 물리적 구조가, 변충이라는 논리적 사유의 토대인 것이다.

34 감각질과 **부처님**의 오근호용

_ 눈, 귀, 코, 혀, 몸의 작용은 본질적으로 다르지 않다

이 세상은 어디서 시작되는가? 세상의 출발점이 우주의 그 어딘가에 있는 것이 아니다. 이 세상은 우리 몸에 붙은 여섯 가지 지각 기관에서 시작한다. 이 세상의 뿌리는 '안이비설신의眼耳鼻舌身意'의 육근六根, 즉 나의 '눈, 귀, 코, 혀, 몸, 생각'의 여섯 가지 지각 기관인 것이다. 내 눈 앞의 건물이 무너지면 그 뒤에 있던 산이 보이지만, 내 눈알을 뽑으면 '봄' 자체가 사라진다. 그래서 눈은 보이는 모든 모습의 뿌리다. 안근眼根이다. 귓구멍을 막으면 모든 소리가 차단되지만 고막을 제거하면 소리 자체가 사라진다. 그래서 귀는 들리는 모든 소리의 뿌리다. 이근耳根이다. …… 이 세상의 뿌리, 이 세상의 끝은 먼 곳에 있지 않고 내 몸에 붙어 있었다.

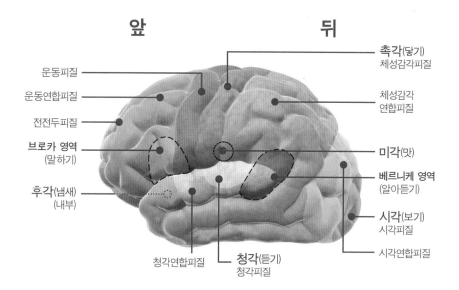

앞　　　　　뒤

운동피질

운동연합피질

전전두피질

브로카 영역
(말하기)

후각(냄새)
(내부)

청각연합피질

청각(듣기)
청각피질

촉각(닿기)
체성감각피질

체성감각
연합피질

미각(맛)

베르니케 영역
(알아듣기)

시각(보기)
시각피질

시각연합피질

오감을 담당하는 대뇌피질(붉은 글씨). 시각, 청각, 후각, 미각, 촉각을 담당하는 대뇌피질은
그 위치만 다를 뿐이고 모두 동질의 뉴런 복합체다.

　눈에 보이는 형색과 혀에 닿는 맛은 너무 다르다. 귀에 들리는 소리
와 코로 맡는 냄새는 너무 다르다. 신체의 촉감과 머릿속 생각은 너무
다르다. '형색, 소리, 냄새, 맛, 촉감, 생각', 즉 '색성향미촉법色聲香味觸法'
의 육경六境은 서로 너무 달라 보인다. 나에게만 느껴지는 형색과 소리,
냄새와 같은 것을 '감각질感覺質, Qualia'이라고 부른다. 주관적으로 느끼
기에는 오감의 감각질이 서로 너무 다르지만, 뇌를 객관적으로 관찰하
면 이들 감각질은 대뇌피질에서 그 위치만 다를 뿐이다그림 참조.
　눈眼으로 들어온 형색들은 대뇌피질 후두엽의 시각피질에 회로를 형
성하고, 귀耳로 들어온 소리들은 측두엽의 청각피질에 회로를 형성하

며, 코鼻로 들어온 냄새는 측두엽 내부에, 신체身의 촉감은 체성감각피질Somatosensory Cortex에, 혀舌로 느낀 맛은 체성감각피질 하부에 인접하여 회로를 형성한다. 대뇌피질의 오감 영역이다. 사고로 후두엽의 시각 영역을 다치면 눈은 멀쩡한데 시력을 상실하고, 측두엽의 청각 영역을 다치면 귀는 온전한데 소리가 들리지 않는다. 이 영역들은 오근보다 더 깊이 자리한 '세상의 뿌리'들이다.

그런데 오감을 느끼는 과정을 보다 면밀히 관찰해보면, 오감 각각에 본질적인 차이가 없음을 알게 된다. 눈으로 무엇을 바라볼 때 시야의 모두를 한꺼번에 보는 것이 아니다. 나의 주의력이 '동공 속의 망막'을 재빨리 훑고 있는데, 시야의 모든 것이 동시에 지각되는 것처럼 '거친麤 착각'이 일어난다. 촉각을 느낄 때에도 마찬가지다. 나의 주의력이 전신을 훑으면서 가려움, 압박감 등을 느끼지만 그 모든 촉감이 동시에 파악되지는 않는다. 나의 '한 점 식識 흐름'이 마치 쥐불놀이의 선화륜旋火輪, 빙빙 도는 불 바퀴과 같이 빠르게 이동하면서 면과 입체의 착각을 그려낸다.

다른 예를 들면, 오른쪽 그림 A와 같은 브라운관 TV의 화면이, 사실은 그림 B에서 보듯이 전자총에서 쏘아대는 전자들이 화면 뒤의 발광부를 좌우, 상하로 순식간에 훑으면서 만들어낸 것이듯이, 우리의 오감 모두 '한 점 식識의 흐름'이 대뇌피질의 해당 영역을 재빠르게 훑으면서 나타나는 것일 뿐이다. 따라서 '찰나 생멸하는 1차원적 흐름의 변화'라는 점에서 오감에 본질적 차이는 없다. 시각 기관眼根과 촉각 기

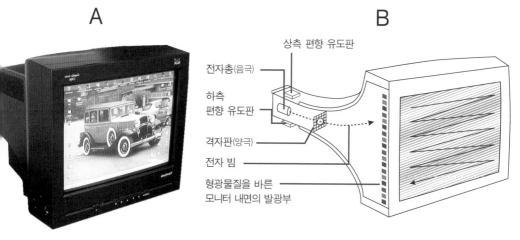

A

B

상측 편향 유도판

전자총(음극)

하측
편향 유도판

격자판(양극)

전자 빔

형광물질을 바른
모니터 내면의 발광부

브라운관 TV. 우리에게 보이는 2차원적인 화면은 사실 TV 내부의 전자총에서 발사되어 순식간에 화면의 아래위를 훑는 1차원적인 전자의 흐름이다(왼쪽). 브라운관(음극선관, CRT)의 원리. 음극인 전자총에서 양극인 격자판을 향해 쏘아대는 1차원적인 전자의 흐름(전자 빔)이 편향유도판의 자기장에 이끌려 상하, 좌우로 진동하면서 화면 내부의 발광부를 자극하여 매끄러운 2차원 영상이 만들어진다(오른쪽).

관身根을 서로의 용어로 바꾸어 다시 정의하면 '안구 속의 망막'은 '지극히 정교하고 예민한 피부'이고, '몸의 피부'는 '성글고 둔한 망막'이다.

부처님은 오근五根을 호용互用하셨다고 한다.[주14] 다섯 감각기관을 서로 바꿔서 쓰실 수 있다는 뜻이다. 말하자면 눈으로 듣고, 귀로 보실 수 있는 것이다. '찰나 생멸하는 식識의 1차원적인 흐름'이 대뇌피질의 뉴런들을 훑는다는 점에서 오감에 본질적인 차이가 없기에 가능한 일일 것이다.

35 손, 표정, 언어

_ 대뇌피질에서 확인하는 인간 종의 특징

멍게는 알에서 갓 나와서 이동하면서 먹이를 구하는 유생幼生일 때에는 두 눈과 뇌를 모두 갖지만, 성체가 되어 고착 생활을 시작하면 눈은 물론이고 뇌도 사라진다. 뇌는 모든 생명체에게 필수불가결한 공통 기관이 아니다. 물론 고등동물이 될수록 뇌가 발달되어 있긴 하다.

신경은 전류의 방향에 따라서 두 종류로 나누어진다. 하나는 눈, 귀, 코, 피부 등 각종 감각 기관이 자극되어 발생한 전류가 뇌를 향해 들어가는 전깃줄電線인 구심성求心性 신경이고 다른 하나는 뇌에서 나온 전류를 각종 근육으로 보내는 전깃줄인 원심성遠心性 신경이다. 척수脊髓를 절단해 보면 신경의 출입구가 앞과 뒤, 좌와 우 방향으로 총

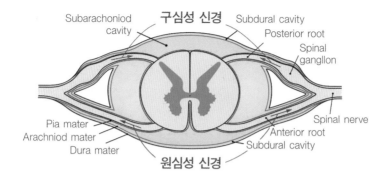

척수의 절단면. 감각 기관 등의 수용기에서 출발한 전기 신호는 구심성 신경을 타고 후근(後根)을 통해 척수로 들어오고, 운동의 전기 신호는 원심성 신경을 타고 전근(前根)을 통해 척수에서 근육 등의 작용기로 나간다.

네 곳이 있는데, 뒤쪽에 위치한 좌우 한 쌍의 신경으로는 각종 감관에서 출발한 전류가 들어와 척수脊髓를 타고 뇌로 올라가며, 앞쪽에 위치한 좌우 한 쌍의 신경을 통해서는 뇌에서 내려온 전류가 각종 근육으로 전달된다. 불교 용어로 표현하면 원심성 신경을 통해 '선악善惡의 업'을 짓고 구심성 신경을 통해 '고락苦樂의 과보'를 받는 셈이다.

대뇌에서 중심이 되는 부분은 겉부분인 피질이다. 세포핵을 갖는 다양한 신경 세포들이 밀집하여 얽혀 있기에 색이 진하여 회백질灰白質이라고 부른다. 이와 달리 대뇌의 안쪽에는 이런 피질의 이곳저곳을 연결하는 전깃줄인 축색다발들로 가득하기에 색이 희어서 백질이라고 부른다.

대뇌피질은 뇌를 앞뒤로 가르는 중심고랑Central Sulcus을 경계로 크게 두 부분으로 나누어진다. 뒤통수 쪽에는 감각과 인식의 정보를 담

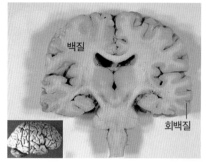

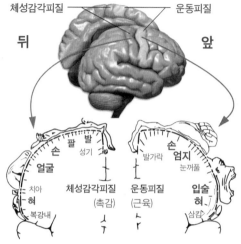

뇌의 백질과 회백질. 대뇌의 표면은 뉴런의 세포체가 모여 있기에 회갈색을 띠어 회백질이라고 부르고, 대뇌의 내부는 그런 회백질의 이곳저곳을 연결하는 하얀 축색 다발로 이루어져 있기에 백질이라고 부른다(왼쪽). 체성감각피질과 운동피질이 지배하는 신체의 면적. 표정을 담당하는 영역(얼굴)과 언어를 담당하는 영역(입술과 혀)과 손을 담당하는 영역이 상대적으로 넓다. 인간이 최강의 포식자가 된 것은 도구 제작(손)과 사회적 소통(표정, 언어)이라는 점이 여기서도 확인된다(오른쪽).

고 있는 다양한 신경회로들이 형성되어 있고, 앞이마 쪽에는 운동, 의지, 사고와 관련한 갖가지 신경회로들이 형성되어 있다. 척수를 흐르는 구심성 신경과 원심성 신경의 위치가 뇌에서도 변치 않고 그대로 반영되어 있다. 요컨대 척수가 부풀어서 그대로 뇌가 된 꼴이다.

위의 오른쪽 그림 위는 뇌에서 근육 운동이 출발하는 영역과 피부나 근육, 장기 등에서 들어오는 신체 감각이 종착하는 영역을 나타낸 것이다. 중심고랑의 앞부분의 이랑Gyrus을 '운동피질', 뒷부분의 이랑을

'체성감각피질'이라고 부른다. 불전에서 분류하는 '안이비설신의'의 육근六根과 '색성향미촉법'의 육경六境 가운데 신근身根을 통해 느끼는 촉경觸境의 종착점이 그림에서 보라색으로 채색한 '체성감각피질'이다. 그리고 중심고랑을 경계로 그 바로 앞쪽에 근육운동의 출발점인 초록색으로 채색한 '운동피질'이 있다.

아랫부분 그림은 대뇌피질의 중심고랑 앞쪽인 '운동피질'과 뒤쪽인 '체성감각피질'을 분리한 후, 손이나 발, 얼굴 등 신체의 여러 부분을 담당하는 피질의 위치와 넓이를 그림으로 나타낸 것이다. 이는 캐나다의 신경외과의사인 펜필드Wilder Penfield, 1891~1976가 뇌수술 환자를 대상으로 한 수많은 실험을 거쳐 제작한 것인데 그림에서 보듯이 얼굴과 혀, 그리고 손을 관장하는 대뇌피질의 면적이 특히 넓다.

얼굴로 표정을 지어서 타인과 소통하고, 혀를 굴려 만들어낸 언어로 지식을 전수하며, 손을 이용하여 온갖 도구를 만듦으로써, 생명의 세계 최강의 포식자로 등극한 인간 종種의 특성이 여기서도 확인된다.

36 윤리와 도덕에 대한 진화론의 풀이

_ 개체의 희생으로 번성하는 친족

찰스 다윈의 진화론이라고 하면 대개 '약육강식'이나 '적자생존'이라는 숙어를 떠올린다. 과거 제국주의 시대에 진화에 대한 이런 통념으로 양심을 가린 몇몇 나라들은 거리낌 없이 약소국들을 침탈하고 수탈하였다. '힘이 곧 진리'라고 착각했기 때문이었다. 결국은 두 차례에 걸친 세계대전의 비극으로 치닫고 말았다. 진화론의 부정적 영향 가운데 하나였다.

그러나 진화의 원리에 그렇게 냉혹한 측면만 있는 것은 아니다. 인간을 포함하여 생명체 중에는 다른 개체를 위해서 자신을 희생하는 것들이 많이 있다. 예를 들어서 꿀벌에서 유전자를 후대에 남기는 것은 여왕벌 한 마리와 몇몇 수벌들뿐이다. 나머지 대부분은 2세를 남기

베 짜기 개미의 이타적 행동(다리 놓기).

지 않는 암컷 일벌들이다. 개미의 경우도 마찬가지다. 커다란 암개미 한 마리와 날개 달린 수개미 몇 마리를 제외한 다른 개미들은 생식에 참 여하지 않는 일개미들이다.

일벌이나 일개미의 자기희생은 자연선택이나 성선택의 적자생존 이론 만으로는 설명이 되지 않기에, 다윈 역시 이들의 희생적 행동을 어떻게 해석해야 할지 고심했다고 한다. 그러나 이들 개체의 희생으로 인해 그 친족親族들이 보전되고 번성할 수 있다는 점을 파악함으로써 난제를 해결하였다. 후대의 진화생물학자들은 이를 친족선택Kin Selection이라고 불렀으며, 유전자와 연관시켜서 이를 이론적으로 체계화한 대표적인 인 물이 이집트계 영국인 해밀턴William Donald Hamilton, 1936~2000이었다.

친족의 경우 유전자를 공유하는 정도가 높다. '친족 간 친밀성의 정도'는 '유전적 유사성'에 비례한다는 말이다. 그런데 어떤 개체Individual 의 희생으로 인해 동족同族이 번성한다고 해도, 자기희생을 하는 개체의 수가 너무 많으면 그 집단은 멸종한다. 모두 앞장서서 자기희생하려 할 것이기 때문이다. 반면에 외부의 위협이 있을 때 아무도 자기희생을 하지 않는다면 그런 집단 역시 멸종할 것이다. 외부의 위협을 피해서 모두 뿔뿔이 흩어져서 동족군同族群이 와해되기 때문이다. 따라서 어떤 동족 집단이 번성하려면 희생을 통한 개체의 손실보다 동족의 이득이 커야 하며 동족 내에서 각 개체들의 유전적 유사성이 높아야 한다.

해밀턴은 이런 통찰을 rB>C라는 공식으로 표현하였다. r은 친족성 Relatedness의 약자略字로 '유전자를 공유할 가능성'을 의미한다. B는 이익Benefit으로 이타적 행위의 수혜자가 얻는 2세 생산의 이득을 의미하며, 'C'는 비용Cost으로 이타적 행위의 행위자에게 가는 2세 단종斷種의 손실을 의미한다. 요컨대 어떤 개체의 희생(C)으로 인해서 그 손실보다 동족의 이득(B)이 클 경우 그런 동족군은 번성하는데, 개체들이 유전적 으로 친밀할수록(r) 번성의 정도 역시 커진다는 뜻이다.

인간을 포함한 동물의 행동은 두 가지로 구분된다. 하나는 개체 인 나를 위한 이기적 행동이고, 다른 하나는 남을 위한 이타적 자기희생으로 궁극적으로는 동족의 유전자를 보전해준다. 인간 사회의 악은 거의 모두 전자에서 비롯되고 선은 대부분 후자에 속한다. 탐욕, 분노, 교만과 같은 번뇌들은 모두 개체인 나만을 보전하기 위한 감성들이다.

반면에 많이 베풀고, 해치지 않고, 빼앗지 않으며, 속이지 않는 등의 선행은 남을 배려하는 행동들이다. 선이나 악은 진화 과정에서 친족선택의 원리에 의해 수만 년 간 솎아지면서 인간의 유전자에 각인된 가치들이다. 진화생물학적으로 풀어본 윤리와 도덕, 그리고 양심의 기원이다.

37 진화윤리학과 **불교** 윤리
_ 타인과 협력할 것인가, 경쟁할 것인가?

인간은 지독하게 사회적인 동물이다. 표정과 언어가 극도로 발달해 있기에 자신의 내적 상태를 남에게 전하는 능력에서 다른 모든 동물들을 월등하게 앞선다. 살아가면서 각 개인이 터득한 노하우를 타인과 공유하고 후세에 전함으로써 문명의 누적이 이루어져, 인간 종種은 동물의 세계에서 최강의 포식자가 되었다. 인간 사이의 협력의 결과다. 그러나 인간 역시 이기심의 중심인 '입과 성기'가 달린 동물이기 때문에, 자신의 입지를 높이고 후손을 낳아 키우기 위해서 다른 인간들과 경쟁한다. 인간 종種 내의 일이다.

남과 협력할 것인가, 경쟁할 것인가? 인간의 심리에는 상충하는 가치가 공존한다. 내가 속한 집단을 보전하기 위해서는 남과 협력해야 하

중국 남송의 화가 마원(馬遠)이 그린 공자의 모습. 공자는 《논어》를 통해 '내가 하고 싶지 않은 일을 남에게 시키지 말라'고 가르쳤다.

지만, 집단 속에서 나를 높이려면 남과 경쟁해야 한다. 이타심과 이기심의 대립이다. 진화생물학적으로 표현하면 '동족同族의 유전자Gene'와 '개체Individual'의 대립이고, 윤리적으로 보면 선과 악의 대립이다.

시대와 지역을 초월하여 인간 사회에서 제정된 모든 윤리와 도덕과 법률의 원칙이 있다. 황금률이라고 부른다. 유교는 "내가 하고 싶지 않은 일을 남에게 시키지 말라《논어》."고 가르치고, 기독교는 "남에게 대접을 받고자 하는 대로 남을 대접하라《신약성경》."고 말하며, 힌두교는 "자기에게 해롭다고 생각되는 것을 남에게 행해서는 안 된다《마하바라타》."고 쓰고 있다. '역지사지易地思之의 윤리'다. 약육강식의 정글에서 '개체'를 위해 살아가는 짐승들의 행동과는 상반된 지침들이다. 진화생물학적으로 볼 때, 황금률은 '동족의 유전자'를 보전하는 사회 윤리의 토대가 된다.

황금률은 나와 남의 관계에 적용되는 수평 윤리다. 불교 윤리 역시 역지사지의 황금률을 수용하지만, 자기정화라는 수직 윤리를 제시한다는 점에서 황금률을 넘어선다. 칠불통계게七佛通戒偈란 것이 있다. 석가모니 부처님을 포함하여 과거의 일곱 부처님께서 한결같이 가르치신 삶의 지침戒이다. '제악막작諸惡莫作 중선봉행衆善奉行 자정기의自淨其意 시제불교是諸佛敎'라고 쓴다. '그 어떤 나쁜 짓도 하지 말며, 온갖 착한 일은 받들어 행하고, 스스로 그 마음을 맑히는 것, 이것이 모든 부처님의 가르침이다'라는 뜻이다. 이 중 '그 어떤 나쁜 짓도 하지 말며, 온갖 착한 일은 받들어 행하라'는 지침에 나와 남 사이의 윤리인 황금률이 담겨있다. 그런데 불교에서는 '남'의 범위에 다른 모든 생명체를 포함시킨다. 인간은 물론, 어떤 생명체도 함부로 대해서는 안 된다.

또, '스스로 그 마음을 맑혀라'는 자기정화의 가르침은 황금률을 넘어선다. 인간 종은 물론이고, 생명의 세계에서 아예 벗어나게 해주는 가르침이다. 자연선택과 성선택과 친족선택Kin Selection의 원리 모두를 넘어선다. '마음을 맑히면' 동물적 본능이 잦아들고 죽음의 공포가 사라진다. 살생하지 말라不殺生. 도둑질하지 말라不偸盜. 음행하지 말라不邪淫. 거짓말하지 말라不妄語. 욕하지 말라不惡口. 이간질하지 말라不兩舌. 꾸며서 말하지 말라不綺語. 탐욕을 내지 말라不貪. 분노하지 말라不瞋恚. 삿된 종교관을 갖지 말라不邪見. 수평적 사회 윤리와 수직적 개인 윤리가 함께 하는 십선계十善戒의 조항들이다. 불교 윤리는 입체적이다. 역지사지의 수평 윤리를 통해서 생명의 세계가 평화로워지고, 깨달음을 향한 수직 윤리에 의해 불교 수행자의 마음은 동물의 세계를 초월한다.

38 통증에 대해서

_ 우리 몸을 지켜주는 고마운 경계 경보

아예 없으면 좋을 것 같은 감각이 있다. 통증이다. 썩은 이가 아프면 눈물이 쏙 빠지고 정신이 혼미해진다. 독감에 걸리면 기침할 때마다 가슴이 찢어질 듯 아프다. 어쩌다가 허리를 삐끗했는데, 앉거나 일어서거나 몸의 자세를 바꾸려면 여간 힘든 게 아니다. 통증이 없으면 얼마나 편할까……. 그러나 이런 바람과 반대로 통증은 진화 과정에서 사라지지 않았다. 통증은 우리 몸을 위해서 결코 없어서는 안 될 중요한 감각이기 때문이다.

예전에 나병이라고 불렸던 한센병에 걸리면 말초신경이 마비된다. 한센균이 말초신경을 파괴하여 손끝이나 발끝, 콧등과 같은 말단의 감각이 없어지는 것이다. 다치거나 불에 데어도 아픔을 느끼지 못하기에 상

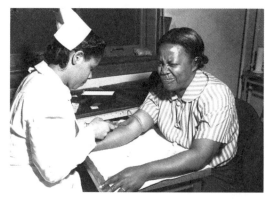

고통을 치료하기 위한 고통. 의료 행위의 패러독스다.

처가 쉽게 생겨서 조직이 떨어져 나간다. 손가락이나 발가락이 점차 뭉툭해진다. 몸에 이상이 생길 때, 이를 자각하게 해주는 가장 강력한 신호가 통증이다. 통증이 생기면 하던 일을 모두 중단하고 몸에 주의를 기울인다. 그리고 아픈 부위를 찾아내어 관리하고 치료한다. 도처에 날카롭고 딱딱한 흉기가 가득한 거칠고 험한 세상을 살아가지만, 통증이 있기에 연약한 '고기 몸肉身'이 보전된다.

안이비설신의眼耳鼻舌身意. '눈, 귀, 코, 혀, 몸, 생각'의 여섯 가지 지각기관이다. 불전에서는 육근六根이라고 부른다. 통증은 이 가운데 신근身根인 몸에서만 일어난다. 몸 이외에 '눈, 귀, 코, 혀, 생각'에서는 통증이 일어나지 않는다. 혹 너무나 큰 소리에 고막을 다쳐서 생기는 통증은 이근耳根인 귀가 아니라 신근인 몸의 아픔이다. 맛 역시 그 자체가 통증을 일으키지는 않는다. 혀를 얼얼하게 하는 매운맛은 미각세포가 느끼는 맛이 아니라 신근으로서의 혀가 느끼는 통증이다. 매운 음식을 먹은 다음날 화장실에서 항문이 불타듯이 아린 이유는 매운맛이 통증이기 때문이다. 냄새나 색깔도 통증을 일으키지 않는다. 통증은 신근에서만 일어난다. 연약한 '고기 몸'을 지켜주는 고마운 감각이다.

그러면 통증은 어떻게 느껴지는 것일까? 그 어떤 감각 정보든 신경 말단에 수용되어 척수를 타고 뇌로 들어가는데, 피부 감각의 경우 그 종류에 따라서 신경의 말단이 특화되어 있다. 예를 들어 섬세한 촉감은 '마이스너 소체小體'가 담당하고, 진동과 압력은 '파치니 소체'에서 느끼며, 피부가 늘어나는 것은 '루피니 소체'에서 포착한다고 한다. 각각의 발견자의 이름을 따서 신경종말의 이름을 삼은 것이다. 통증의 경우 이런 소체들과 달리 특화하지 않은 '자유신경종말'에서 지각되는데 최소한 세 가지 수용기가 있다고 한다.

첫째는 강한 압력에 반응하는 자유신경종말로 때리거나 당기거나 비틀 때 그 강도가 어느 정도 이상이 되면 활성화된다. 둘째는 뜨거움이나 산성酸性 물질이나 매운 감각에 반응하는 자유신경종말이고, 셋째는 ATP에 민감한 자유신경종말이다. ATP는 세포 내 대사 활동에서 화학 에너지를 제공하는 고분자 화합물이다. 혈액 공급이 중단되거나 근육 손상이 생기거나 암세포가 급격히 자라날 때 방출되는데, 이때 심한 통증이 느껴지며 협심증이나 편두통의 통증이 이로 인한 것이라고 한다. 통증의 원인에 따라서 신경 말단은 이렇게 분화되어 있다.

통증. 신체에 강한 압력이나 화학적 자극, 세포의 파손이 있을 때, 위험을 알림으로써 우리 몸의 손상을 막아주는 고마운 경계 경보다.

39 진화윤리와 이데올로기
_ 자본주의와 사회주의의 진화생물학적 뿌리

참으로 이상한 일이다. 대학 강의실에서 학생들이 떠들지를 않는다. 후배 학자에게 전공과목 강의 하나를 물려주면서 3년 만에 다시 교양과목을 담당해 보니 그동안의 변화가 확연하게 눈에 들어왔다. 원흉(?)은 분명했다. 하나 속에 무한을 담는一中一切 화엄적 통신기기인 스마트폰이 제공하는 '재미있는 외로움'에 길들여져 있기 때문이었다. 친구와의 대화도 SNS나 메신저를 통해 문자로 주고받는다. 말과 표정을 통해서 남과 교류하는 일이 점점 줄어들고 있다. 친구와 노닥거릴 수 있는 재주를 키우지 못했다. 가만히 강의를 듣든지 혼자서 꾸벅꾸벅 졸 수 있을 뿐이다.

인간은 그 유전자에 각인된 상반된 성향으로 인해 항상 갈등한다.

'나'를 위할 것인가, '집단'을 위할 것인가? 다시 말해 '나'라는 개체를 위해 활동할 것인가, 아니면 동포同胞인 '남'을 위해 봉사할 것인가? 진화생물학적으로 표현하면 개체Individual와 유전자Gene의 갈등이다. 그러나 이런 상반된 마음은 생명의 세계에서 인간 종에게 최강의 문명을 이룩하게 만든 비결이기도 했다.

'유전자'와 '개체'의 두 축은, 개인윤리에서는 선과 악의 갈등으로 나타나며, 사회적으로는 공익公益과 사익私益의 대립 또는 조화로 나타난다. 거시적으로 조망하면 사회주의와 자본주의 이데올로기의 반목 역시 그 뿌리는 개체와 유전자의 대립에 있다. 해밀턴의 공식(rB>C)에서 보듯이 적정 수준에서 개체가 희생할 때Cost 그 개체가 속한relatedness 전체의 이익Benefit이 커진다. 생명의 세계에서 어떤 집단의 이익은 '그에 속한 개체들의 이익'에 '개체의 희생으로 인해 얻어지는 이익'을 가산함으로써 얻어진다. 달리 표현하면 '사익의 추구'와 함께 '공익을 위한 사익의 희생'이 적절히 균형을 이루는 집단이 최강이 된다는 말이다. 어떤 집단의 구성원들이 사익만 추구할 경우 그 이익의 총합은 이에 못 미치며 그 집단은 와해되고 만다. 반면에 공익만 중시할 때 합산할 낱낱의 사익이 적기에 전체의 이익 역시 감소한다.

개체와 유전자. 인간 종을 번성케 만든 진화의 두 축이지만 프랑스혁명 이후 탄생한 자본주의와 사회주의라는 양대 이데올로기의 생물학적 뿌리이기도 하다. '자유, 평등, 박애'라는 프랑스 혁명의 정신 가운데 상업인의 '자유'를 중시하면 자본주의, 만민의 '평등'을 상위 가치로 삼

19세기 프랑스의 대표적인 화가인 들라크루아가 프랑스 7월 혁명을 묘사한 그림인 〈민중을 이끄는 자유의 여신(1830)〉. 프랑스 혁명의 정신인 '자유, 평등, 박애' 가운데 상업인의 '자유'를 중시하면 자본주의, 만민의 '평등'을 상위가치로 삼으면 사회주의가 된다.

으면 사회주의다. 새가 허공을 날려면 양 날개가 모두 온전해야 한다. 요컨대 새의 오른 날개와 왼 날개가 모두 건강해야 추락하지 않는다. 이와 마찬가지로 사익私益을 중시하는 자본주의적 성향과 공익公益을 중시하는 사회주의적 성향이 적절히 균형을 이룰 때 우리 사회 전체는 풍요로워지고 구성원 모두 행복할 수 있다.

　그런데 지금 우리 사회의 구성원 대부분은 유전자가 아니라 개체, 공익이 아니라 사익을 중시한다. '정글의 법칙'인 신자유주의의 경제 이데올로기가 고유의 영역을 넘어 행정과 경영과 교육과 연예와 체육 등 우리 사회 전반을 오염시키고 있기 때문이다. 공동체가 아니라 '개체인 나'의 이익이 모든 행위의 동기가 된다. 게다가 수년 전 개발된 '지극히 사적私的인 도구'인 스마트폰이 그런 경향을 강화시킨다. 사람들의 얼굴에서 표정이 사라지고, 친구 사이에 잡담이 없어진다. 위태롭고 위태롭다. 생명의 세계에서 인간 종을 자유롭게 비상飛上케 했던 양 날개의 한쪽이 병들고 있다. 시급하고 시급하다. 공동체를 복원하는 일이다. 구성원들이 서로의 내적 상태를 알리는 선의善意의 표정과 구어口語가 되살아나야 한다.

40 나에게 **보인** 나, 남에게 **비친** 나

_ 나를 대하는 두 가지 관점과 진화를 초월한 절대적 삶

'나'는 단일한 것 같지만, 전혀 다른 두 가지 모습이 언제나 함께 한다. 하나는 '나에게 보이는 나'의 모습이고, 다른 하나는 '남에게 보이는 나'의 모습이다. 내가 직접 나의 몸을 바라볼 때에는 내 손이 보이고, 내 다리가 보이고, 내 몸통이 보이지만, 내 얼굴은 보이지 않고 내 등은 보이지 않는다.

다음 쪽 그림에서 왼쪽 그림은 밖에서 본 자동차의 모습이고, 오른쪽은 안에서 본 자동차의 모습이다. 하나의 자동차인데 그 모습이 판이하게 다르다. 남이 나를 바라보거나, 거울에 비친 나를 내가 바라볼 때 보이는 모습은 왼쪽 그림과 같고, 내가 나를 바라볼 때 보이는 모습은 오른쪽 그림과 같을 것이다.

같은 자동차의 두 모습. 밖에서 본 자동차(왼쪽)의 모습은 여럿이며 우열이 있지만, 안에서 본 자동차의 모습(오른쪽)은 오직 하나뿐이다. 전자는 객관, 후자는 주관에 비유된다. 후자의 관점에서 세상을 보며 사는 것이 우승열패를 초월하는 절대적 삶, 불교적 삶이다.

왼쪽 그림과 같은 관점을 객관客觀이라고 부르고, 오른쪽 그림과 같은 관점을 주관主觀이라고 부른다. 객관의 자동차는 무수하지만 주관의 자동차는 오직 하나다. 겉모습만 보이는 무수한 자동차 중에는 큰 것도 있고 작은 것도 있으며, 화려한 것도 있고 초라한 것도 있다. 그러나 오른쪽 그림과 같은 자동차는 단 한 대뿐이기에 그 우열을 비교할 수 없다.

생명체도 마찬가지다. 그 겉모습과 행동은 각양각색이어서 서로 비교가 가능하다. 몸이 큰 놈이 있고 작은 놈이 있으며, 행동이 느린 놈이 있고 빠른 놈이 있으며, 힘이 센 놈이 있고 약한 놈이 있다. 기는 놈을 제치고 뛰는 놈이 있고, 뛰는 놈 위에는 나는 놈이 있다. 객관의 세계에서는 비교가 가능하기에 우열이 있고, 강약이 있고, 미추美醜가 있고, 대소大小가 있다. 객관세계의 모든 것은 이렇게 연기緣起한다. 진화생물학에서 규명해 온 갖가지 형태Morphology들이다. 마치 밖에서 본 자동차와 같이 무수히 많은 종류의 생명체가 있고 그 모습과 행동 역시 제각각이다. 그러나 주관은 하나다. 나에게 보이는 자동차의 외형은 여럿이지만 그 내부가 보이는 것은 내가 탄 자동차 하나뿐이듯이 주관은 오직 하나다. 내가 맛본 소금 맛을 남이 알 수 없고, 내가 맡은 국화 향기를 남이 알 수 없으며, 내가 겪어온 감정의 질곡을 남이 알 수 없다. 모두 남의 그것과 비교할 수 없는 '절대적 체험'들이다.

불교에서는 일체一切를 5온蘊으로 구분한다. 5온은 '색수상행식色受想行識'인데 단순하게 번역하면 순서대로 '형상色, 느낌受, 생각想, 의지行, 마음識'이다. 이는 자동차 내부에서 자동차를 보듯이 내가 나의 심신을 살펴봐서 발견한 구성요소들이다. '안이비설신의眼耳鼻舌身意'와 '색성향미촉법色聲香味觸法'의 12처處[39] 분류도 그렇고, 이에 6식識을 추가한 18계界[40]의 분류도 그렇다. 내가 주관적으로 바라본 세상의 모습이다.

객관에서는 비교가 가능하기에 우열이 있다. 남이 생각하는 나, 남에게 비친 나는 상대적이다. 그러나 주관은 오직 하나다. 객관화된 허구의 나를 지우고 주관에 충실할 때 열등감도 있을 수 없고 우월감도 있을 수 없다. 나의 감각과 행동 하나하나가 비교가 불가능한 절대유일의 것들이기 때문이다. 강자와 약자, 화려함과 초라함, 우월과 열등

---

39 '안처, 이처, 비처, 설처, 신처, 의처'는 차례대로 '눈, 귀, 코, 혀, 몸, 생각'의 여섯 가지 지각 기관이고 '색처(色處), 성처, 향처, 미처, 촉처, 법처'는 이들 여섯 지각 기관의 대상인 '형상, 소리, 냄새, 맛, 촉감, 생각 내용'의 여섯 가지다. '십이입(十二入)'이라고도 하고 '십이입처(十二入處)'라고도 한다.

40 '안계, 이계, 비계, 설계, 신계, 의계'의 여섯 가지 지각 작용과 '색계, 성계, 향계, 미계, 촉계, 법계'의 여섯 가지 지각 대상과, 이들이 만나서 발생하는 '안식계, 이식계, 비식계, 설식계, 신식계, 의식계'의 여섯 가지 지각 내용이다.

이라는 상대성을 초월하여 누구나 우주의 중심이 된다. 부처님께서 세상을 보셨던 방식이고 부처님께서 살아가셨던 방식이다. 진화를 초월한 삶이다. 우리 모두 따라야 할 절대적 삶이다.

41 늙음에 대하여

_ 늙음의 고통과 노인의 역할

모든 것은 무상하다. 사물은 생주이멸生住異滅[41]하고 우주는 성주괴공成住壞空[42]한다. 그리고 모든 생명은 생로병사한다. 탄생한 것은 반드시 늙고 병들어 죽고 만다. 어미의 자궁 속에서 갇혀서 성장하다가 좁은 산도를 헤치고 탄생하는 것도 고통이지만, 늙음도 고통이고, 질병도 고통이고, 죽음도 고통이다. 생로병사가 모두 고통이다. 사성제四聖諦 가운데 고성제의 진리다. 다음의 사진은 영화 〈사운드 오브 뮤직〉에서 주연을 맡았던 영국 여배우 줄리 앤드류스 Julie Andrews, 1935~의 모습이다. 오른쪽은 2013년에 촬영한 것으로 79

<hr/>

41 사물은 "발생했다가(生) 머물다가(住) 변하면서(異) 사라진다(滅)."

42 우주는 "성립된(成) 후 지속되다가(住) 파괴되어서(壞) 텅 빈다(空)."

여배우 줄리 앤드루스가 31세 때인 1965년의 모습(왼쪽)과 79세인 2013년의 모습(오른쪽). 생로병사는 누구도 피할 수 없는 생명체의 숙명이다.

세의 고령임에도 여전히 아름답지만 세월의 흐름을 실감한다.

티벳불교 겔룩파에서 신행信行의 지침서로 삼는 쫑카빠Tsong Kha Pa, 1357~1419 스님의 ≪보리도차제론菩提道次第論≫에서는 생로병사 가운데 늙음의 고통에 대해 다음과 같이 묘사한다.

허리는 활처럼 휘고 머리칼은 하얗게 세며 이마는 맷돌 같은 주름으로 가득하다. 바닥에 앉을 때는 줄 끊어진 포대자루 같이 널브러지고, 자리에서 일어날 때는 나무뿌리를 잡아 뽑듯이 힘이 든다. 말도 느리고 걸음도 느리며 눈은 침침하고 귀도 잘 안 들린다. 기억력이 쇠퇴하여 잊기도 잘하지만 무엇을 새로 외우기도 힘들다. 밥을 먹어도 소화가 안 되기에 맛난 것이 있어도 제대로 즐기지를 못한다. 수명이 다 소진되어 죽음이 목전에 있다.

이것뿐만이 아니다. 나이가 들수록 세월이 빨리 흐른다. 어제 본 주말연속극 같은데 다음 회를 오늘 방송한다. 일주일이 하루처럼 느껴진다. 봄인가 했는데, 어느새 또 봄이 되어 개나리가 핀다. 그야말로 '세월이 날아간다'. 나이를 먹을수록 시간의 흐름이 빠르게 느껴지는 것은 타성에 젖어 살기에 새롭게 입력되는 정보의 양이 점점 줄어들기 때문일 것이다.

나이를 먹으면 감관도 둔해지고 근력도 약해진다. 짐승의 세계라면 무리의 뒷전으로 밀려나겠지만, 인간 사회에서는 노인을 공경한다. 장유유서長幼有序의 유교 윤리에서 보듯이 농경 사회에서는 더욱 그렇다. 농사에서 가장 중요한 것은 다양한 작물들의 파종 시점을 결정하는 것이라고 한다. 노인들은 수십 년의 경험으로 그에 대한 지식과 노하우를 갖고 있다. 농사 경험이 풍부한 노인들의 몇 마디 조언이 수확의 성패를 가름한다. 농경 사회에서 노인을 지극히 공경했던 이유에 대한 유물론적 해석이다.

노인이 되면 잠이 없어진다. 식솔들은 모두 잠들어 있는데 새벽녘에 홀로 깨어서 뒤척인다. 생리학적으로는 멜라토닌 분비가 줄어들고, 서파徐波, 느린 뇌파 수면이 사라지기 때문이라고 한다. 뇌파는 각성 시의 베타파β波, 12~30Hz와 졸거나 명상할 때 나타나는 알파파α波, 8~12Hz, 그리고 깊은 잠에 들었을 때의 서파인 세타파θ波, 4~7Hz와 델타파δ波, 4Hz 이하로 세분되는데, 65세 정도가 되면 이 가운데 서파수면이 완전히 사라진다. 또 멜라토닌은 뇌의 송과선에서 분비되어 잠에 들게 하는 호르몬인데 나이가 들수록 그 분비가 줄어든다고 한다. 그러나 이 서파수면이 사라지고 멜라토닌 분비가 줄어드는 것은 노인이 되어 잠이 없어지면서 함께 나타나는 증상이지 이유가 아니다.

진화생물학으로 풀이하면, 근력이 없는 노인이 종족 보존에 기여할 수 있는 가장 중요한 역할은 '파수꾼'이다. '역사는 밤에 이루어진다'고 한다. 우리나라에서는 얼마 전까지 "밤새 안녕하셨어요?"가 아침인사 가운데 하나였다. 잠에 들었을 때가 생존에 가장 위험한 순간이기 때문이다. 적을 습격하는 일들은 대부분 밤에 이루어진다. 도둑이나 강도 역시 밤에 들어온다. 그러나 노인이 사는 집에서는 이런 위험이 적다. 새벽녘에 깨어 있다가 가족들을 깨워서 이를 알리기 때문이다. 젊거나 어린 자손들은 위험에서 벗어난다. 이들이 장성하여 다시 노인이 되면 새벽에 깨어나서 가족들을 지킨다. 노인이 되면 잠이 줄고, 눈을 붙여도 쉽게 깨는 알파파α波의 '선잠'만 자는 이유에 대한 진화생물학적인 풀이다.

42   인간의 몸에서 **털**이 **사라진** 이유는?

_ 육단심의 발생과 사회적 관계 맺기

원숭이나 고릴라 등 다른 영장류와 구별되는 인간의 특징은 진화 과정에서 몸의 털이 사라졌다는 점이다. 물론 머리칼이나 눈썹, 수염이나 거웃 이외에 몸의 대부분이 잔털Vellus Hair로 덮여 있기에 '털이 사라졌다'고 말하는 것보다 '굵은 털이 잔털로 퇴화하였다'고 표현하는 것이 정확할 것이다. 그러나 DNA에서 인간과 99%가 겹친다는 침팬지와 비교하면 몸에 털이 아예 없는 거나 매한가지다. 포유류의 몸을 감싸는 털의 주된 기능은 보온에 있지만, 털이 있음으로써 물리적 충격에서 몸이 보호된다. 수북한 머리털이 두피를 보호한다. 과수원에 들어가 일을 해보면 머리칼의 소중함을 금방 알게 된다. 수시로 나뭇가지가 머리를 할퀸다. 눈썹은 이마에서 흐르는 땀방

울이 눈으로 흘러드는 것을 차단한다. 겨드랑이나 사타구니의 수북한 털이 체취를 보존하여 이성을 유혹한다고도 하지만, 양 팔을 휘적거리며 걸을 때 살갗이 쓸리는 것을 막아주기도 한다.

남자의 가슴이나 정강이에도 털이 많이 남아 있다. 사냥감을 쫓아 전진할 때 부딪히는 덤불이나 나뭇가지로부터 몸이 보호된다. 남자들이 사냥에 종사했던 자취다. 여자의 몸에는 털이 거의 없다. 찰스 다윈은 '털이 없는 여성이 매력적이기에 성선택에서 유리했다'는 가설을 제시했지만, 이는 수컷 공작의 화려함을 설명하는 '섹시한 아들의 가설'과 마찬가지로 논리적 악순환을 야기하며 근본적인 이유는 아니다. 여성들은 남자와 달리 수유와 육아, 가사와 농경, 채집 등 정적인 생활을 했기 때문이라는 설명이 더 설득력을 갖는다.

그러면 진화 과정에서 인류의 몸에서 털이 없어진또는 적어진 이유는 무엇일까? 이에 대한 진화생물학자들의 의견은 그야말로 백가쟁명百家爭鳴과 같다. 털이 사라져야 진드기나 벼룩과 같은 기생충이 서식하지 못하기에 매끈한 피부가 '자연선택' 되었다는 이론이 제시되기도 했으나 Markus J. Rantala, 기생충의 위험이 크건 적건 간에 털 없는 남성에 대한 여성의 선호도에는 커다란 차이가 없다는 통계 조사를 근거로 이를 반박하기도 한다Pavol Prokop. 또 인간이 두 발로 서면서 태양빛을 쬐는 부위가 40% 가량 줄어들게 되어 네 발로 걷는 다른 포유류보다 체온 상승이 감쇠되기 때문에 털이 사라졌다거나P. E. Wheeler, 옷을 입으면서 털의 필요성이 없어져서 사라지기 시작했다Mark Pagel는 등 다양한 이론

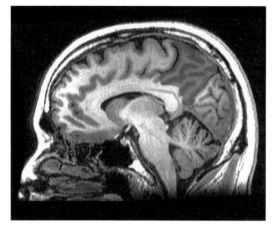

MRI 상의 쐐기전소엽. 영장류 가운데 인간에게만 특히 발달한 대뇌피질로, 몸을 '나'라고 생각하는 '자아의식'이 일어날 때 특히 활성화된다.

들이 속속 제기되었으나 이 모두 반례反例가 제시될 수 있기에 설득력을 갖지 못한다. 또 '수생水生 유인원 이론Aquatic Ape Theory'에서는 인간의 몸에 털이 없어진 이유가 인류의 선조가 먼 옛날 오랜 기간 물속 생활을 했기 때문이라고 주장한다. 그러나 수달이나 해표에서 보듯이 수생동물 가운데 많은 것들에게 털이 남아 있기에 이 역시 타당할 것 같지 않다.

그러면 인간의 몸에서 털이 사라진 이유는 무엇일까? 침팬지나 고릴라의 경우 몸 전체는 검은 털로 덮여 있지만 손바닥이나 발바닥, 그리고 얼굴이나 성기, 항문 주변에는 털이 없다. '민감한 부분'들이다. 민감한 부분의 경우 그에 대응하는 대뇌피질의 면적이 넓어야 한다. 피부에서 털이 사라지면 민감도가 높아지면서 그를 관장하는 대뇌피질의 넓이도 늘어날 것이다.

영장류 가운데 인간에게만 특히 발달한 대뇌피질이 있다. '쐐기전소엽Precuneus'이라고 부른다. '몸통과 사지四肢'의 체성감각을 담당하는 피질의 후내측後內側에 인접해 있다. 인간의 몸통과 사지에서 털이 사라지면서 새롭게 발달한 대뇌피질일 것이다. '기능적 자기공명영상fMRI' 장치로 뇌를 촬영해보면 '자아의식'이 일어날 때 이 부위가 활성화된다고 한다. 불교적으로 해석하면 '육단심肉團心'의 원천이다. 육단심이란 '고깃덩어리肉團인 몸을 나라고 생각하는 마음'이다. 몸통과 사지의 피부에서 발생하는 촉감으로 내 몸의 윤곽을 그려서 육단심을 만들어내고 이를 토대로 타인과 사회적 관계를 맺는다. 육단심이 남보다 확고하게 형성될수록, 다시 말하면 몸과 사지를 담당하던 대뇌피질이 넓어질수록 사회적 관계 맺기에 능숙하고 성선택에서도 적자가 되어 남보다 많은 자손을 둘 수 있었을 것이다. 그리고 대뇌피질 가운데 그런 부위가 넓어지기 위해서는 온몸의 피부가 민감해져야 했다. 인간의 몸을 덮던 털이 점차 사라진 진정한 이유일 것이다.

43 다윈과 프로이트로 분석한 인과응보

_ 종족 보전을 위한 초자아의 자기처벌

진화생물학의 두 축은 개체와 유전자다. 인간 사회에서는 개체 중심의 이기적 행동을 대개 악惡으로 규정하고, 유전자 중심의 이타적 행위를 선善이라고 부른다. 개체의 행복을 추구하는 이기심과 동포의 유전자를 보전하게 만드는 이타심이 적절히 균형을 이룰 때 그 집단은 번성한다. 불전에서는 대표적인 악으로 '살생, 투도, 음행, 망어, 악구, 양설, 기어, 탐욕, 분노, 사견'[43]의 열 가지를 들며 이를 십악十惡, 또는 십불선十不善이라고 부른다. 불교뿐만 아니라 다

---

[43] 이들 열 가지 악 가운데 '살생(殺生), 투도(偸盜), 음행(淫行)'은 몸으로 짓는 악행(신업, 身業)이고 '망어(妄語), 악구(惡口), 양설(兩舌), 기어(綺語)'는 입으로 짓는 악행(구업, 口業)이며 '탐욕(貪慾, 貪), 분노(忿怒, 瞋), 사견(邪見)'은 마음으로 짓는 악행(의업, 意業)이다. 이 가운데 사견은 '잘못된 세계관, '잘못된 종교관', '잘못된 인생관' 등을 인생 지침으로 삼는 것이다.

른 모든 종교나 철학에서도 이런 행동들 대부분을 악으로 규정하며 배척한다. 그러나 '개체'의 관점에서 보면 이런 악들이 사실은 '짜릿한 동물적 행복'의 원천이다. 이런 악들을 거리낌 없이 발휘할 때 아무도 제지하지 못하고, 아무 처벌도 받지 않는다면 그렇다는 말이다. 짐승의 세계에서는 악을 행하는 데 능란한 놈이 최강자가 된다. '라이온 킹'이 되는 것이다. 인간의 경우도 금력이나 권력을 추구하는 마음의 저변에는 이런 악이 도사리고 있다.

다른 생명을 죽여서 맛난 고기를 얻고살생, 인간 중에 미운 놈이나 경쟁자는 모두 해치워버리며살인, 남의 재물을 빼앗아 내 것으로 만들고투도, 매혹적인 이성이 눈에 띄면 마음대로 섹스하고음행, 나의 이익을 위해 거짓말을 밥 먹듯이 하며망어, 나에게 해를 끼치거나 멍청한 놈에게는 실컷 욕설을 퍼부어주고악구, 나의 이익을 위해 이간질을 하거나양설 자신에게 호감을 갖게 하기 위해 온갖 미사여구로 상대방을 칭송한다기어. …… 이럴 때 그 누구도 대들거나 처벌하지 못하며, '악하게 살면 불행이 온다'는 인과응보의 이치도 없고 내생도 없다면, 목숨을 마칠 때까지 이런 악을 마음껏 행하며 살아가는 것이 바람직할 것이다.

그런데 아무도 보지 않는 곳에서 남몰래 악행을 했어도 이를 목격하고 처벌하는 자가 있다. 바로 '나' 자신이다. 남들은 나의 악행을 보지 못했어도 내가 나의 일거수일투족을 모두 보았고 아무도 나의 악행을 처벌하지 않아도 나의 양심이 나를 처벌한다. 나는 표정과 언어로 타인과 소통하며 수백만 년 진화해 온 가장 사회적인 동물인 '인간'이기에, 나의 뇌를 형성하는 유전자에는 '나를 위하는 본능'뿐만 아니라 '종족의 유전자를 보전하고자 하는 본능' 역시 각인되어 있다. 후자에 속하는 마음이 '이타심', '정의감', '양심' 등의 '동물적 선善'이다.

정신분석을 창시한 프로이트S. Freud, 1856~1939는 인간의 마음이 '이드ld, 자아Ego, 초자아超自我, Superego'로 구성되어 있다고 보았다. 이드는 '본능', 초자아는 '양심'에 해당하며 자아는 양심에 어긋나지 않고 현실에 맞추어 본능을 실현케 하는 '영민한 조정자'다. 이런 세 요소가 역동적으로 관계하면서 세상을 해석하고 행동을 결정한다.

초자아는 도덕적, 윤리적 감시자로, 우리가 꿈을 꿀 때에는 초자아의 통제가 느슨해지기에 고삐 풀린 본능이 본색을 드러낸다고 한다. 각성의 상태에서 초자아가 나의 일거수일투족을 감시하기에 동물적 본능은 마음속 깊은 곳으로 숨는다. 내가 양심에 어긋난 행동을 했을 때 나의 초자아는 나 스스로를 처벌한다. 프로이트에 의하면 이런 초자아가 나로 하여금 죄책감을 일으키기도 하지만, 더 나아가 나로 하여금 실수를 하게 만들거나, 불의의 사고를 당하게 하거나, 나의 생활을 파탄으로 몰아간다는 것이다. 나의 자아Ego의 의도와 달리, 초자아로 인하여 불행이 초래되는 것이다. 프로이트는 이를 초자아의 '자기처벌Self-Punishment'이라고 불렀다.

나를 파멸로 모는 어떤 사고나 불행이 우연히 일어난 것 같이 보이지만, 사실은 진화 과정에서 나의 유전자에 각인되고 교육에 의해 습득된 나의 양심이 나를 처벌한 것이다. 불교적으로 말하면 '자업자득自業

찰스 다윈. 사회적 동물로 진화한 인간의 마음에는 '이타심, 정의감, 양심' 등 동물적 선이 각인되어 있다(왼쪽). 지그문트 프로이트. 우리의 마음은 '이드, 자아, 초자아'로 구성되어 있는데 내가 양심에 어긋나는 일을 했을 때 초자아가 나를 처벌한다. 자기처벌이 일어나는 것이다(오른쪽).

自得'의 인과응보가 일어나는 것이다. 물론 "선행을 쌓은 집안에 반드시 남은 경사가 있다."[주15]고 하듯이, 이와 상반된 인과응보도 가능하다. 이를 '자기보상Self-Reward'이라고 부를 수도 있을 것이다.

전지전능한 절대자가 있어서 나의 행동을 지켜보다가 나에게 상을 주거나 벌을 내리는 것이 아니다. 나의 일거수일투족을 하나도 빠뜨리지 않고 보고 있는 자는 바로 '나 자신'이다. 내가 지은 선이나 악의 업Karma을 내가 목격했고, 그에 따른 뿌듯함이나 죄책감이 내 마음속에서 익어가다가, 미래에 언젠가 자기처벌 또는 자기보상이 일어나면서 행복과 불행의 과보로 나타나는 것이다. 다윈과 프로이트의 이론으로 분석한 인과응보의 원리다. 물론 현생에만 적용되는 얘기다.

44 진화생물학과 템플스테이
_ 구석기인처럼 살아보기

여러 해 전의 기억이다. 늦가을 어느 암자에서 지인들과 큰스님을 모시고 마당에 둘러앉았다. 밤이 깊어지며 날씨가 쌀쌀해졌다. 누군가의 제안으로 모닥불을 피웠다. 불길이 오르며 탁탁 불씨가 튀었다. 얼굴들마다 벌겋게 불그림자가 너울거렸다. 하늘을 올려다보았다. 밤하늘에는 보석처럼 빛나는 별들이 가득했다. 전기불의 광해光害 때문에 도시에서는 볼 수 없는 장관이었다. 깊은 산속 암자마다 천체망원경을 설치하면 청소년 포교에 제격이겠다는 생각이 들었다. 밤하늘의 별을 올려다보는 사람에게는 지상地上의 다툼과 욕망이 들어갈 여지가 없을 것이다.

그런데 모닥불을 주시하다가 검은 밤하늘을 바라보아도 시야에 잔

자연의 '적외선 치료기'라 부를 수 있는 모닥불.

상이 보이지 않았다. 태양을 보다가 눈을 감으면 둥근 잔상이 보이다가 서서히 사라진다. 일반 전등의 경우도 한참을 주시하다가 눈을 감으면 시야에 잔상이 나타난다. 그러나 모닥불의 빛은 잔상을 남기지 않았다. 적외선 치료기라는 게 있다. 안과나 이비인후과에서 치료 후 환부에 쪼이는 붉은 빛의 전등이다. 살 속 깊이 파고드는 적외선의 열기로 혈관이 확장되어 환부의 신진대사가 활발해짐으로써 상처 회복을 돕는다고 한다. 모닥불은 자연의 '적외선 치료기'였다.

인류가 짐승과 다른 특징 가운데 하나가 불을 사용한다는 점이다. 고고학적 발견에 의하면 인류가 처음 불을 사용한 것은 늦어도 약 100만 년 전이라고 한다. 현대의 우리들은 음식을 조리할 때 가스레인지를 사용하고, 조명에는 전등을 쓰지만 이는 극히 최근의 일이다. 100만 년 이상 인간은 장작이나 짚단 등으로 불을 피워 취사를 하고 어둠을 밝혔다. 컴컴한 밤중에 모닥불을 뚫어지게 바라봐도 잔상이 생기지 않는 이유가 바로 이에 있다. 우리의 눈은 장작불의 밝기에 동화되어 있었다. 진화생물학적으로 해석하면, 장작불의 밝기로 시력에 손상을 입은 사람들은 일찌감치 모두 도태되었던 것이다.

몸의 진화는 서서히 일어나지만, 문명은 급격히 발달했다. 인간의 몸과 본능은 구석기 시대에서 별로 달라진 것이 없는데, 과학 기술의 힘으로 인간이 사는 환경은 상전桑田이 벽해碧海가 되듯이 변했다. 수십만 년 동안 인류는 해가 뜨면 잠에서 깨고, 해가 지면 잠에 들었는데, 오늘 이곳에서는 온갖 인공조명이 밤을 낮처럼 밝힌다.

자연에서는 직선을 찾기 힘든데, 현대인들이 사는 공간은 직선으로 가득하다. 네모난 방이 그렇고, 수직으로 선 건물이 그렇고, 평행으로 달리는 도로가 그렇다. "직선은 인류를 파멸로 이끕니다." '건축치료사라고 불리는 오스트리아의 화가 겸 건축가 훈데르트바서Friedensreich Hundertwasser, 1928~2000의 경고다.

채취와 수렵 시대에는 세끼 밥을 모두 챙겨먹기가 쉽지 않았는데, 냉장고만 열면 먹을 것이 가득하다. 우리가 사는 환경은 점점 화려하고 편리해지지만, 그럴수록 마음은 힘이 들고 몸은 지치며 소외감은 더욱 커진다.

일정 기간 절에서 생활하는 템플스테이Temple-Stay가 각광을 받는다. 현대 사회에서 지친 많은 사람들은 절에 오래 머물며 몸과 마음을 푹 쉬고 싶어 한다. 여러 가지 프로그램을 마련할 수 있겠지만, 구석기

템플스테이. 각박한 현대 사회에서 지친 몸과 마음을 쉬기 위해 사람들은 절을 찾는다.

인처럼 살아보게 할 때 참가자들이 행복감을 느낄 수 있을 것이다. 맨발로 땅의 촉감을 느끼는 '걷기 명상', 장작불을 바라보며 환부를 쬐는 '모닥불 치료', 배에서 쪼르륵 소리가 나도록 굶는 '단식 체험'……. 감관과 근육이 원래의 기능을 회복하면서 몸의 세포가 다시 살아날 것이다. 아무리 문명이 발달해도 우리의 몸과 본능은 여전히 구석기 시대에 머물고 있다는 점에 착안할 때 무궁무진한 프로그램들이 개발될 수 있을 것이다.

45 마음의 박동, 뇌파의 발견
_ 뇌과학의 유물론과 불교의 역할

제1차 세계대전에 참전하기 위해 훈련을 받던 프러시아군 장교 한스 베르거Hans Berger, 1873~1941는 어느 날 말에서 떨어지는 사고를 당했다. 그런데 곧이어 여동생으로부터 안위를 걱정하는 한 통의 전보를 받았다. 오빠가 말에서 떨어져 다리를 다치는 꿈을 꾸었다는 것이었다. 낙마사고의 순간과 일치했다. 우연이라고 보기에는 너무나 신비했다. 뇌에서 발생하는 '전자기적 힘'에 의해 텔레파시가 일어난 것이라고 추측한 한스 베르거는 이를 입증하기 위해서 뇌의 전기적 활동에 대한 연구에 전념하였다. 그리고 1924년에 역사상 최초로 인간의 뇌파를 기록하였다. 애초의 의도와 달리 텔레파시의 전자기적 토대를 발견하는 데는 실패했지만 뇌파를 측정함으로써 간질병

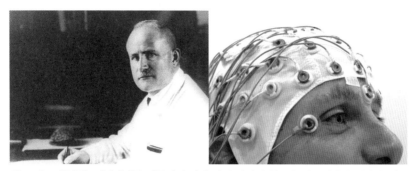

한스 베르거(왼쪽). 텔레파시를 입증하기 위해 뇌의 전기적 활동을 연구하다가 역사상 최초로 인간의 뇌파를 기록하였다. EEG 측정용 전극을 부착한 모습(오른쪽). 귓불과 같이 전기적 변화가 없는 곳을 기준전극으로 삼고, 두피의 여러 곳에서 전압의 시간적 변화를 측정함으로써 EEG(Electroencephalogram)를 기록한다.

을 감별하고, 수면이나 전신마취의 깊이를 파악하며, 뇌와 관련된 각종 질병을 진단할 수 있다는 점에서 의료의 역사에 새로운 문이 열렸다.

뇌파란 대뇌피질에서 발생하는 전압의 파동적 변화다. 센서가 달린 전선의 한 가닥 끝은 귓불 등에 붙여서 기준전극으로 삼고 다른 끝은 이마나 뒤통수 등 두피의 특정 위치의 붙인 후 그곳에서 감지되는 전압의 변화를 궤적으로 표현하면 지그재그 모양의 뇌전도腦電圖, EEG가 그려진다.

멀리서 본 산山들의 윤곽 같은 전압 변화의 궤적에서 인접한 골과 골 사이의 시간적 길이가 1주기週期, Cycle가 된다. 그리고 1초 동안 되풀이되는 이런 주기의 횟수가 바로 '뇌파 값'이며 헤르츠Hz라는 단위로 표기한다.

한스 베르거가 최초로 발견한 뇌파는 시각중추가 있는 뒤통수에서

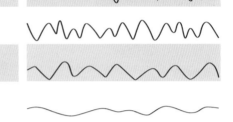

감마파 : 30~100+Hz
분주하게 여러가지 일을 할 때

베타파 : 12~30Hz
깨어나서 일반적인 활동을 할 때

알파파 : 8~12Hz
긴장을 풀고 아무 생각도 하지 않을 때

세타파 : 4~7Hz
완전한 이완 상태에서 명상을 할 때

델타파 : 1~4Hz
꿈도 없이 깊은 잠에 들었을 때

뇌파의 종류. 마음이 가라앉을수록 진동의 횟수가 줄어든다. 즉 뇌파 값이 작아진다.

발생하는 8~12헤르츠의 알파α파였다. 알파파는 1초에 8~12회 진동하는 파동으로 눈을 감고 가만히 있을 때나 잡념 없이 긴장을 풀고 명상을 할 때 나타난다. 피험자가 눈을 뜨고서 주변을 살피기 시작하면 뇌파는 1초에 12~30회 진동하는 베타β파로 바뀐다. 베타파는 깨어서 활동할 때 나타나는 뇌파다. 깊은 수면에 들어가면 4~7헤르츠의 세타θ파가 발생하고 더 깊은 수면이나 혼수 상태에서는 1~4헤르츠의 델타δ파가 나타난다. 아주 빠른 뇌파로 30~100헤르츠의 감마γ파가 있는데 이는 동시에 두 가지 이상의 과제를 수행할 때 발생한다. 예를 들어 눈으로 무엇을 보면서 동시에 귀로 다른 것을 들으려 할 때 감마파가 발생한다. 우리의 주의력이 후두엽의 시각피질과 측두엽의 청각피질을 기민하게 오가기 때문일 것이다.

과학의 발달로 자연과 생명의 거의 모든 현상이 해명되었지만 한 분야만은 많은 부분이 미지의 영역으로 남아 있었다. 우리의 마음이 거주하는 뇌다. 뇌에는 뉴런이라는 이름의 전선電線이 가득하며 우리의 마음은 그 전선을 타고 뇌의 이곳저곳을 흐른다. 뇌파의 발견으로 마음의 박동搏動을 알게 되었고, 최근에 개발된 기능적 자기공명영상fMRI, functional magnetic resonance imaging은 마음의 궤적을 실시간으로 보여준다. 마음에 대한 객관적인 연구가 비로소 시작되고 있다. 불교는 마음의 종교다. 뇌과학이 유물론의 나락에 떨어지지 않으려면 2,600년 이상 누적해온 불교의 가르침이 길잡이가 되어야 한다. 뇌과학 연구에 불교인들이 적극 동참해야 하는 이유다.

(1) 벤자민 리벳의 실험과 그에 대한 해석

다음은 인간의 자유의지와 관련하여 학계에 파란을 일으켰던 캘리포니아 대학의 벤자민 리벳Benjamin Libet, 1916~2007 교수의 실험이다.

손가락으로 버튼을 누르는 즉시 그 시간을 기록하는 장치와 밀리 초msec 단위로 시간의 경과를 표시하는 타이머를 준비한다. 그리고 피험자의 두피에 전극을 부착하여 뇌파의 변화, 즉 뇌파도EEG, Electroencephalogram를 실시간으로 기록하면서 타이머를 계속 주시하게 한다. 피험자는 버튼에 손가락을 대고 있다가 아무 때나 즉흥적으로 버튼을 누르면서 그때 타이머가 가리킨 시간을 확인한다.

이때 세 가지가 측정되는데, 첫째는 피험자의 EEG이고 둘째는 피험

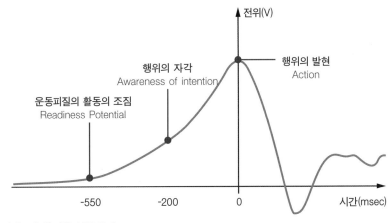

전위(V)

행위의 자각
Awareness of intention

운동피질의 활동의 조짐
Readiness Potential

행위의 발현
Action

-550   -200   0   시간(msec)

뇌파도에 표시한 실험 결과.

자가 버튼을 눌렀다고 자각한 시간이고 셋째는 버튼이 실제로 눌린 시간이다. 그런데 이 세 가지 기록을 대조해 보니, 피험자가 '버튼을 누른다고 자각한 시간' 이전에 이미 EEG 상에서 뇌파의 변화가 나타났다. EEG 상에서 손가락의 움직임과 연관된 대뇌의 운동피질이 피험자의 자각 이전에 활동의 조짐을 보이기 시작하는 것이다.

위의 그림은 이때를 전후한 피험자의 EEG 기록에 '피험자가 행위의 시작을 자각한 시간_{행위의 자각}'과 '버튼이 실제로 눌러진 시간_{행위의 발현}'을 표시한 것이다. 버튼이 눌러진 시간을 0이라고 했을 때, 그런 행위를 시작한다고 피험자가 자각한 시간은 그보다 0.2초 전, 즉 -200msec였으며, 또한 그런 자각보다 0.35초 이전인 -550msec에 EEG 상에서 운동피질은 이미 활동의 조짐을 보였다. 이를 다시 정리하면 다음과 같다.

무의식적인 과정		의식적인 과정	
운동피질의 활성화		의식에 떠오름	손가락의 움직임
① 행동의 시작	0.35초 → ② 행동의 자각	0.2초 →	③ 버튼 누르기

실제로 버튼이 눌린 시간③은 그 행동을 시작한다고 자각한 시간
②보다 0.2초 지난 다음인데, 대뇌피질에서 출발한 전기 신호가 복잡
한 신경망을 거쳐 척추를 타고 손가락까지 전달되는 데 시간이 걸리기
때문이며 이는 충분히 예측할 수 있는 결과였다. 그러나 그렇게 행동의
시작을 자각한 시간②보다 0.35초 이전에 뇌의 해당 부위에서는 이미
그 행동을 유발하는 전기적 활동이 시작된다①는 사실은 놀라운 것이
었다. 왜냐하면 이는 그야말로 '행동이 이미 시작된 다음에 행동의 시
작을 결정한다'는 것을 의미하기 때문이었다. '우리의 의식적 결정에 의해
어떤 행동이 이루어지는 것'이 아니라 '행동이 이미 시작된 다음에 그런
행동의 결정이 의식에 떠오르는 것'일 뿐이란 말이다. 즉 우리의 '의식'은
행동을 주도하는 것이 아니라 '뒷북치기'만 할 뿐이었다.

우리는 일반적으로 '어떤 생각을 의식에 떠올리고, 그 다음에 그런
생각을 행동으로 나타낸다'고 느낀다. 그러나 실험 결과는 정반대였다.
그러면 시간적 전후관계가 뒤바뀐 이런 실험 결과는 우리에게 자유의지
가 없다는 점을 증명하는가? 그렇지 않았다. EEG 상에서 '행동의 시작'
을 의미하는 변화가 나타났지만, 손가락을 움직이지 않은 피험자들이
일부 있었는데, 이들은 손가락을 움직이려는 의도가 있었지만 곧바로

취소했다고 진술하였다. 리벳은 이에 근거하여 "우리의 행동은 물론이고 행동을 하고자 하는 의식적 의도 모두 그에 선행하는 무의식적인 뇌의 활동에서 비롯되지만, 의도를 자각한 이후 실제의 행동이 일어나기 전에 손가락을 움직이려는 의도를 철회할 수 있기에 자유의지가 인정된다."고 보았다. 즉 '무엇을 하고자 하는 것'이 아니라, '무엇을 하지 않을 수 있다'는 점에서 인간은 자유로울 수 있다는 것이다.

(2) 무조건반사에서 '행동'과 '자각'의 역전

그런데 리벳의 실험 결과는 '감각 자극 → 행동 반응 → 의식 자각'의 순서로 일어나는 '무조건반사'의 과정과 닮았다. 예를 들어 뜨거운 다리미에 실수로 발이 닿았을 때, 뜨겁다는 느낌이 의식에 떠오르기도 전에 반사적으로 발을 움츠린다. 즉 무의식적으로 행동이 이루어지는 것이다. 이 과정은 다음과 같이 정리된다.

무조건반사의 경우, 뜨거운 촉감◎의 신경 정보가 감각 신경을 통해 척수로 들어가면 반사 회로를 거쳐서 운동 신경으로 직접 전달되어 발을 피하는 행동①이 순식간에 일어난다. 무의식적인 과정이다. 그리고 그런 반사 과정과 관련된 일련의 신경 정보가 척추를 타고 오르다가 대뇌에 이르면 그때 가서야 발에 닿은 뜨거운 감각과 발을 움츠린 사실이 비로소 '의식'에 떠오른다②. 이렇게 무조건반사에서도 리벳의 실험 결과와 마찬가지로 우리의 의식은 '뒷북치기'를 한다. '의지적 행동'이든 '무조건반사'든 우리의 행동에서 이성적 사유는 무의식의 추동에 후속한다. 누군가의 마음을 움직이고자 할 때 '합리적 설명으로 그의 이성적 의식을 설득하는 것'보다 '그의 무의식을 흐르는 감성이나 본능에 호소하는 것'이 더 효과적인 이유가 이에 있다.

(3) '하기'와 '알기'의 중추는 위치가 다르다.

그러면 벤자민 리벳이 주장하듯이 '무엇을 하고자 하는 자유의지'는 부정되며 '무엇을 하지 않을 수 있다'는 점에서만 인간은 자유로운가? 이 문제에 답을 하기 위해서 먼저 대뇌피질의 구조와 기능에 대해 간략하게 설명해보겠다.

신경은 방향에 따라 구심성 신경과 원심성 신경의 두 가지로 나뉜다. 몸에서 뇌를 향해 들어오는 신경으로 눈, 귀, 코, 혀, 피부 등에서 뇌로 들어오는 감각 신경이 구심성 신경에 해당하고, 뇌에서 몸으로 나가는 신경으로 사지의 근육을 움직이는 운동신경이 원심성 신경에 해당한다.

대뇌피질 상단의 중심고랑을 경계로 앞부분을 전두엽이라고 부른다. 전두엽 중에서 중심고랑에 인접한 부분은 '1차 운동피질'로 온몸의 근육으로 나가는 원심성 신경이 출발하는 곳이다. 즉 근육을 움직이는 신경 신호의 출발점이다. 바로 그 앞에 인접한 '운동연합피질'은 이러한 '1차 운동피질'을 통제하는 곳으로 피아노에 비유한다면 '운동연합피질'은 연주자, '1차 운동피질'은 건반에 해당한다.주16 '①연주자'가 '② 건반'을 두드려서 '③피아노소리'를 내듯이 '①운동연합피질'에서 '②1차 운동피질'로 신경신호를 보내어 우리 몸의 '③근육'을 움직이게 한다. 그리고 이마 바로 뒤의 전전두엽前前頭葉, Prefrontal Cortex은 어떤 일을 계획하거나 전략을 세울 때 활성화된다.주17 요컨대 중심고랑의 앞부분인 전두엽은 우리의 행동이나 의지와 관련된 기능을 한다.

한편 중심고랑의 뒷부분은 감각과 인지認知를 담당한다. 두정엽 가운데 중심고랑에 인접한 '1차 체성감각피질'은 피부나, 장기, 근육 등 온몸에서 들어오는 촉각의 구심성 신경이 종착하는 곳이고, 후두엽에 있는 '1차 시각피질'은 눈의 망막에서 출발한 시각의 신경 신호가 도착하는 곳이며, 측두엽 상단의 '1차 청각피질'은 귀의 고막을 울린 청각의 신경 신호가 들어오는 곳이다. 그리고 이들 '1차 감각피질'들에 인접하여 각각의 감각에 대한 연합피질들이 있다. 각각의 감각피질에 아주 가까운 연합피질에는 바로 그 감각에 대한 기억이 저장되지만, 좀 먼 연합피질에서는 그 감각과 다른 감각이 통합된다. 예를 들어 누군가의 목소리를 듣고서 그 사람의 얼굴 모습이 떠오르는 것은, 과거 언젠가 '귀로 들은 그 목소리와 관련된 청각 정보의 신경회로'와 '눈으로 보았던 얼굴 모습과 관련된 시각 정보의 신경회로'가 연합피질에서 연결되어 있기 때

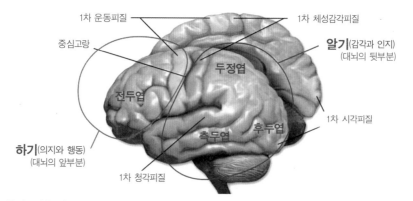

1차 운동피질
중심고랑
전두엽
하기(의지와 행동)
(대뇌의 앞부분)
1차 청각피질
1차 체성감각피질
알기(감각과 인지)
(대뇌의 뒷부분)
두정엽
측두엽
후두엽
1차 시각피질

중심고랑을 경계로 대뇌피질의 앞부분은 '하기'를 담당하고, 뒷부분은 '알기'를 담당한다.

문이다. 물론 이런 연결은 과거에 그 사람을 만났을 때 얼굴을 보면서 목소리를 들으면서 이루어졌다. 그리고 나중에 이런 연결이 다시 재현되는 현상을 우리들은 '회상한다'거나 '기억한다'고 표현한다.

다시 정리해보자. 대뇌피질은 중심고랑을 경계로 앞부분(전두엽)과, 뒷부분(두정엽, 후두엽, 측두엽)으로 나누어지는데 무엇을 의도하거나 근육을 움직일 때에는 앞부분이 활성화 되고, 모습을 보거나 소리를 듣거나 감촉을 느낄 때 또는 이런 감각들을 머릿속에 떠올릴 때에는 뒷부분이 활성화된다. 요컨대 대뇌의 앞부분은 '하기Doing'와 관계되고, 뒷부분은 '알기Knowing'를 담당한다. 그런데 우리의 '의식Consciousness'은 '하기'가 아니라 '알기'에 속하는 현상이다.

벤자민 리벳의 실험에서 보듯이 무슨 행동을 하건 그에 대한 앎이 행동의 시작보다 나중에 일어나는데, 그 이유는 대뇌피질에서 '하기'를 담당하는 부분과 '알기'를 담당하는 부분이 다르기 때문이다. 모든 '행동', 즉 모든 '하기'의 신경 전기 신호는 전두엽 중의 어딘가특히 운동연합피질에서 출발한다. 이를 받아서 근육으로 전달하는 1차 운동피질 역시 전두엽에 있기에 그 신호를 신속하게 받는다. 그때 1차 운동피질앞쪽 그림, 왼쪽 위 부근의 두피에서 기록한 EEG 상에 행동의 조짐이 나타난다. 반면에 의식을 관장하는 후두엽이나 측두엽앞쪽 그림, 오른쪽 아래에는 그 신호가 늦게 도착한다. 전두엽에서 멀리 떨어져 있기 때문이다. 행동의 시작에 대한 '의식'이, 운동피질에서 보이는 행동의 '조짐'보다 나중에 일어나는 이유는 이렇게 신경 신호의 이동 거리가 멀기 때문이다.

리벳의 실험이나 무조건반사의 예에서 보듯이 의식은 뒷북치기만 할 뿐이다. 그렇다고 해서 자유의지의 존재가 부정되는 것은 아니다. 물론 그 존재를 증명할 수도 없다. 자유의지는 '알기'가 아니라 '하기'에 속한 문제이기 때문이다. 마치 눈으로 눈을 볼 수 없듯이 진정한 '하기'는 '알기'의 대상이 될 수 없다. 벤자민 리벳의 실험 결과로 자유의지의 유무에 대해 왈가왈부할 수 없는 이유다.

(4) '고의 자작자각, 타작타각의 문제'와 대뇌피질의 구조

뇌에서 '의식을 담당하는 부분'과 '행동을 관장하는 부분'이 다르다는 사실은, 초기불전의 가르침 가운데 '고苦의 자작자각自作自覺, 타작타각他作他覺의 문제'에 닿아 있다. '고의 자작자각'이란 '괴로움을 스스로 짓고 스스로 받는다'는 뜻이고 '고의 타작타각'이란 '괴로움을 남이 짓고 남이 받는다'는 뜻이다. 여기서 '남'이란 타인이 아니다. 앞에 쓴 '남'은 '과거의 나'이고 뒤에 쓴 '남'은 '미래의 나'다.

일체개고一切皆苦다. 우리가 체험하는 세상만사一切는 모두皆 괴로움苦이다. 자작자각이란 '괴로움뿐인 세상만사를 내가 짓고 내가 받는다'는 뜻이다. 불전에서 말하는 자업자득自業自得의 인과응보다. 그러나 자업자득의 이치가 성립하기 위해서는 '업을 짓는 나'와 '과보를 받는 내'가 동일해야 한다. 그렇다면 '나에게는 항구불변의 실체가 없다諸行無常 諸法無我'는 불교의 근본 가르침에 위배된다. 이와 반대로, 타작타각은 '업을 짓는 자'와 '과보를 받는 자'가 서로 남他이라는 뜻이다. 그러나 업을 지은 '과거의 나'와 과보를 받는 '미래의 나'가 전혀 다른 사람이라면, 인과응보의 이치가 무너진다. 따라서 타작타각일 수도 없다.

자작자각은 '업을 지은 자와 과보를 받는 자가 동일하다'는 생각으로 이를 상견常見이라고 부르고, 타작타각은 '업을 짓는 자와 과보를 받는 자가 다르다'는 생각으로 단견斷見이라고 부른다. 둘 다 옳지 않은 흑백논리적인 생각이다. 그래서 이런 물음에 대해 부처님께서는 답을 하지 않으셨다. 침묵을 지키셨다. 이를 무기설無記說이라고 한다.[44]

---

44 부처님께서 답을 하지 않고 침묵을 지키신 문제가 열 가지 또는 열네 가지 있는데 이를 10무기(無記) 또는 14무기라고 부른다. "영혼과 육체가 같은가, 다른가? 여래가 열반하신 후에 어딘가 존재하는가, 아닌가? 전생이 현생으로 이어지는가(常), 아닌가(無常)? 죽으면 모든 것이 끝인가(邊), 아니면 내생으로 이어지는가(無邊)?"와 같은 네 가지 부류의 물음을 난문(難問)이라고 하는데 부처님께서는 이에 대해 답을 하지 않고 침묵을 지키다가, "이것이 있음에 저것이 있다……."는 연기법을 설하신다. 이런 가르침을 '무기설(無記說)'이라고 하는데 무기(Avyakṛta)는 '설명되지 않은 것이라고 번역된다. 이런 네 부류의 14 난문에 포함되지는 않지만 '고의 자작자각, 타작타각'의 문제 역시 초기 불전에 실린 대표적인 난문으로, 이에 대한 부처님의 대응 방식 역시 '무기설'과 동일하다.

자작자각이라고 하면 '자기동일성을 가진 자아가 존재한다'는 상주론常住論에 빠지고, 타작타각이라면 '자아의 존재나 인과응보를 부정하는' 단멸론斷滅論에 빠지기 때문이다.주18

뇌의 해부학적 구조에서 보듯이 감각피질은 운동피질과 그 위치가 다르다. 고통이나 쾌락을 느끼는 부위도 운동피질에서 멀리 떨어져 있다. 따라서 '행위를 하는 뇌'와 '감각과 고락을 느끼는 뇌'가 다르기에 '짓는 자'와 '받는 자'가 같다자작자각고 할 수도 없지만, 그 모두가 한 사람의 뇌 속에서 일어나는 일들이기에 '짓는 자'와 '받는 자'가 전혀 다르다타작타각고 할 수도 없다. '하는 뇌'와 '아는 뇌'가 같지도 않고 다르지도 않다는 점을 실증하는 벤자민 리벳의 실험을 통해 우리는 '고苦의 자작자각이나 타작타각의 문제'에 대한 부처님의 침묵을 보다 명료하게 이해할 수 있다.

47 진화생물학
_ 파사현정의 연기관

불교는 연역의 종교다. 불교의 모든 가르침은 부처님께서 발견하신 연기緣起의 법칙에 근거한다. 우리는 살아가면서 갖가지 종교적, 철학적 의문을 떠올린다. "세상만사가 왜 존재하는지?" "모든 것은 어떻게 인식되는지?" "이 세상을 어떻게 살아야 옳은지?" 등등. 그런데 이런 모든 의문에 대한 해답이 연기법에 있다.

연기는 '의존적 발생'이라고 풀이된다. 모든 것은 조건緣에 의존하여 발생起한다. 예를 들어 북을 두드려서 소리가 날 때 북과 북채와 공기와 귀와 주의력 등의 조건緣들이 모여서 소리가 발생起한 것이기에 소리에 실체가 없다. 또 어떤 방에 처음 들어가서 '큰 방'이라는 생각이 들 수 있지만 그 방이 원래 큰 것이 아니다. 머릿속에 '작은 방'을 염두에 두고서 그 방에 들어갔기에, 그런 생각을 조건緣으로 삼아 큰 방이라는 생각이 떠오른起 것일 뿐이다. 또 내가 겪는 행복과 불행은 우연도 아니고 필연도 아니다. 모두 내가 지은 행위가 조건緣이 되어 발생起하는 것이기에 나 스스로 나의 행복을 꾸릴 수 있다. 이렇게 이 세상에 존재하는 모든 사물들과 나에게 떠오르는 모든 생각은 물론이고 우리가 체험하는 행복과 불행조차 의존적으로 발생한다. 연기하는 것이다.

'불자로서 지혜로워진다'는 것은 연기에 대한 이해가 점점 깊어지는 것을 의미한다. 공성空性[45]에 대한 통찰을 '반야의 지혜'라고 부르지만, 진정한 '반야의 지혜'라면 연기에 대한 분별적 통찰이 함께 해야 한다. 연기와 공성은 동전의 양면과 같기 때문이다. '계절이나 기후의 변화, 친척이나 친구 간의 갈등, 어느 나라의 독특한 민족성, 우리 사회의 병리현상, 누군가의 성공, 어떤 기업의 몰락' 등 세상만사는 필연도 아니고 우연도 아니다. 모두 연기한 것이다. 연기에 대한 통찰이 깊어질수록 우리의 마음은 편안해지고 세상은 분명해지고 삶은 밝아진다. 모든 것에 대해 있는 그대로 이해하면서 언제나 최선의 판단을 내릴 수 있기 때문이다.

인간을 포함한 모든 생명체의 모습도 연기의 소산所産이다. 얼굴에

---

45 공(空)은 산스끄리뜨어 슈냐(Śūnyaⓢ)의 번역어이고 공성은, 형용사 '슈냐'에 추상명사를 만드는 어미 따(tā)가 붙은 슈냐따(Śūnyatāⓢ)의 번역어다. 공을 무자성(無自性, Niḥsvabhāvaⓢ)이라고 풀기도 하며 '자성이 없음', 즉 '실체가 없음'을 의미한다. 예를 들어 '큼(大)'은 '작음(小)'과의 비교를 통해 생각 속에서 만들어진 것이지 외부 세계에 실재하는 것이 아니다. 따라서 큼은 실체가 없으며, "큼은 공하다." 또, 작음도 마찬가지로 공하다. '실재 세계에 큼이나 작음이 있는 것이 아니라는 의미에서 '비대비소(非大非小)'라고 표현할 수도 있다.

법륜 속의 진화론. 진화론은 찰스 다윈이 독각의 길에서 낳은 불교 연기론의 서자다.

몰린 이목구비, 다섯 개의 손발가락, 좌우 대칭인 몸, 하얀 백로와 검은 까마귀, 좌우가 바뀐 뇌신경, 얼굴이 붉어지는 것, 웃거나 울 때 눈이 작아지는 것, 짐승의 새끼가 귀여운 것, 꿩의 수컷이 아름다운 것, 늙으면 잠이 없어지는 것……. 이 모두 원래 그런 것이 아니라 각 개체들이 처한 생존 조건의 변화에 순응하여 연기한 모습이고 습성들이다.

이 세상과 생명을 조물주가 만들었다고 믿는 사람들이 있다. 종교 경전의 '신화'를 '사실'로 착각하는 어리석은 사람들이다. 불전에서는 창조론은 물론이고 자연발생론, 적취설積聚說[46], 전변설轉變說[47], 가현설假現說[48] 등 여러 이론들을 모두 '삿된 생각邪見'이라고 비판하면서 연기론緣起論을 제시한다. 생명과 세계는 조물주가 창조한 것도 아니고, 우연히 생겨난 것도 아니다. 모두 연기한 것들이다.

모든 것은 여러 가지 조건들이 모여 이루어진다. 다윈의 진화론 역시 온갖 생명체의 '생존 조건'과 연관시켜서 몸과 행동의 거시적巨視的 변화를 해명한다는 점에서 불교의 연기론과 방식을 같이 한다. 서구사회에 깊이 뿌리내렸던 창조론의 미망을 씻어내는 파사현정의 가르침이다. 찰스 다윈이 독각獨覺[49]의 길에서 낳은 연기론의 서자庶子다.

---

46 원자적인 요소들이 모여서 세상이 이루어졌다는 이론으로 인도의 육파철학(六派哲學) 가운데 와이세시까(Vaiśeṣka⑤) 철학의 주장이다.

47 쁘라끄리띠(Prakṛti⑤)라는 근본물질이 변하여 세상으로 되었다는 이론으로 인도의 육파철학 가운데 상캬(Saṃkhya⑤)의 이론이다.

48 세상은 절대자 브라만의 거짓된 현현이라는 이론으로 인도의 육파철학 가운데 베단따(Vedānta⑤) 철학의 주장이다.

49 불교가 전파되지 않은 지방에서, 생명과 세계에 대한 의문을 품고서, 자연의 이치를 그대로 관찰하여 깨달음을 얻는 자를 말한다. 산스끄리뜨어로 'Pratyeka Buddha⑤'라고 하는데, 이를 음사하여 '벽지불(辟支佛)'이라고 쓰기도 하고, 원어 가운데 'Prati(對, 緣)'만 의역하여 '연각(緣覺)', Eka(一, 獨)만 의역하여 독각(獨覺)이라고 쓰기도 한다. 불교적으로 볼 때 동서양의 철학자, 과학자 모두 '독각의 길을 가고자 했던 사람들이라고 볼 수 있다.

제2부

진화론과 뇌과학으로
조명한 불교

1   모든 **생명**의 **공통점**

_ 십이연기의 순환

불교에서는 우리에게 목격되는 생물 가운데 인간을 포함한 짐승, 즉 동물만을 생명체로 간주한다. 식물은 불교적 의미의 '중생Sattva⑤'이 아니다. 생명체의 윤회 현장인 육도에도 식물의 세계는 포함되지 않는다. 식물 역시 생로병사는 하지만, 생명체의 본질인 '식識'을 갖지 않기 때문이다. 인간을 포함한 동물은 '지地, 수水, 화火, 풍風, 공空, 식識'의 육계六界[50]로 이루어져 있지만, 식물의 육계는 '지, 수, 화, 풍, 공, 시時'로 마지막의 식識이 시간時으로 대체되어 있다.[주19]

불교의 가르침 가운데 많은 부분이 생명체에 대한 분석에 할애되어

---

50   지(地)는 견고성, 수(水)는 응집성, 화(火)는 열기, 풍(風)은 움직임, 공(空)은 허공, 식(識)은 마음이라고 풀 수 있다. 일체를 마음(心)과 물질(色)로 양분할 때 물질을 더 세분한 것(지, 수, 화, 풍)이 육계설이다.

있다. 색色, 수受, 상想, 행行, 식識의 오온설五蘊說[51]에서는 'DNA에 기반을 두는 물질적 육체'인 '색'에 '수, 상, 행, 식'의 네 가지 정신활동을 덧붙인다. 육계설에서 말하는 식識이 오온에서는 '수, 상, 행, 식'으로 세분된다. 무정물無情物[52]인 식물의 경우는 '씨앗 → 싹 → 잎 → 마디 → 줄기 → 봉오리 → 꽃 → 열매'의 순서로 그 생장이 이어지는데[주20], 유정류有情類[53]인 중생의 경우는 그 어느 것이든, '①무명 → ②행 → ③식 ↔ ④명색 → ⑤육입 → ⑥촉 → ⑦수 → ⑧애 → ⑨취 → ⑩유 → ⑪생 → ⑫노사'의 열두 단계의 과정을 거치며 생사生死를 되풀이한다. 전자와 같은 식물의 생장 과정을 외연기外緣起, 후자와 같은 중생의 생사윤회를 내연기內緣起라고 부른다. 내연기인 십이연기의 진정한 의미에 대해 현대의 불교학자들 간에 이견이 많지만, 단적으로 말하면 '모든 생명체가 겪게 되는 생존 방식의 공통점'이다.

인간이든, 짐승이든, 곤충이든, 물고기든 모든 생명체는 출생했다가 늙어 죽는다⑪생 → ⑫노사는 점에서 공통된다. 생명체의 탄생 방식의 경우, 인간이나 포유류와 같이 자궁에서 어느 정도 자란 후 탄생胎生, 胎生하는 것도 있지만, 조류나 파충류, 물고기와 같이 알을 낳은 후 부

---

51 오온이란 '다섯 가지 쌓임(蘊, SkandhaⓈ)'이란 뜻이다. 우리가 체험하는 모든 현상을 다섯 종류의 무더기로 구분한 것이 오온설이다. 색은 물질, 수는 느낌, 상은 생각, 행은 의지, 식은 마음에 해당한다. 일체를 마음(心)과 물질(色)로 양분할 때, 육계설과는 반대로, 마음을 더 세분한 것(수, 상, 행, 식)이 오온설이다.

52 무정물이란 문자 그대로 '감정이 없는 것'으로 산천초목 모두 이에 해당한다. 동물, 식물, 광물 가운데 광물은 물론이고 식물도 무정물이다.

53 유정류란 '감정을 갖는 부류'란 뜻으로 인간이나 짐승은 물론이고, 눈에 보이지 않는 존재인 천신과 아수라와 아귀, 지옥중생 모두 유정류에 속한다.

화하여 탄생난생, 卵生하는 것도 있고, 거미나 지네와 같이 습한 곳에서 탄생습생, 濕生하는 것도 있다. 또 우리에게 보이진 않지만 지옥중생이나 천신과 같이 한 순간에 몸을 갖추고 탄생화생, 化生하는 것도 있다고 한다. 여기서 과학적으로 검증할 수 없는 화생化生은 논외로 하더라도 태생이든 난생이든 습생이든 우리가 아는 모든 생명체는 출생했다가 늙어 죽는다.

모든 생명체는 정자와 난자가 만난 수정란에 ③식識이 결합하면서 현생의 삶을 시작한다④名色. 그 수정란은 어미의 자궁 속에서든, 알 속에서든 분화를 거듭하며 성장하는데, 어느 시점이 되면 눈, 귀, 코, 혀 등의 감각기관이 형성되기 시작한다⑤六入. 그리고 출산을 통해서든, 부화를 통해서든 세상으로 나오게 되면 앞에서 형성되었던 여섯 감관이 하나 둘 열려서 외부 대상을 접하게 되고⑥觸, 괴로움과 즐거움 등을 감수하며⑦受 살아간다. 음식의 섭취를 통해 그 몸이 어느 정도 자라면 2세를 생성할 수 있는 능력이 생긴다. 인간이든, 짐승이든, 벌레든, 물고기든 성적性的으로 성숙하는 시기이다. 인간의 경우 이를 사춘기라고 부른다. 이때가 되면 이성異性을 향한 강력한 욕망이 일어난다⑧愛. 그리고 그런 욕망을 충족시키기 위한 구체적인 방안⑨取을 추구하며 평생을 살아간다⑩有. 그러다 죽은 후 '다시 태어났다가⑪生 늙어 죽는⑫ 老死 과정'을 끝없이 되풀이한다. 십이연기의 과정이다.

암술과 수술의 만남으로 씨앗열매이 생기면서 이어지는 식물의 생장과정과 정자精와 난자血가 만나서 수정란名色이 생기면서 이어지는 동물중생의 생장과정은 외견상 유사해 보일지 몰라도 전자와 달리 후자에는 '식識'이 결합되어 있다는 점에서 차이가 있다. '식'은 '간다르바 Gandharva⑤, 香陰'나 '중음신中陰身'[54]이라고도 불리는데, 남방 상좌부 전통에서는 어떤 생명체든 임종의 순간에 그 몸사음, 死陰에 있던 그 마지막 식識이, 다른 곳에서 새롭게 생성된 수정란생음, 生陰으로 이어진다고 보는 반면, 동아시아와 티벳를 포함하는 북방불교 전통에서는 수정란 이후 죽을 때까지 우리 몸에 부착되어 있던 식識은 사망死陰 후 최대 49일 동안 '중음의 몸中陰身'으로 떠돌다가, 남녀 혹은 암수의 교미하는 모습을 보고서 음욕을 내어 그때 만들어진 수정란生陰에 부착한다고 가르친다.[주21] 디가니까야Dīgha Nikāya, 長部의 "마하니다나수따 Mahānidāna Sutta, 大緣經"에서도 십이연기에 대해 설명하면서 "식이 어미 mātu의 자궁에kucchismiṃ 들어간다okkamissatha"는 표현을 사용한다.[주22] 해탈하지 못한 이상, 열반을 얻지 못한 이상 모든 생명체의 식識은 위와 같은 과정을 거쳐 계속 새로운 몸에 부착 또는 반영되면서 생사 윤회를 되풀이하는 것이다.

우리가 죽은 후 중음신이 되어 나의 새로운 몸이 될 수정란을 찾고자 할 때, 지구상에서 형성된 수정란 가운데 인간의 수정란을 찾는 것

---

54 죽는 순간의 마지막 오음(五陰)을 사음(死陰)이라고 부르고, 새로운 탄생을 위해 수정란에 붙어 자궁에 착상하는 오음을 생음(生陰)이라고 부르며, 죽음 이후 탄생하기 전까지 귀신으로 떠도는 오음을 중음(中陰)이라고 부른다. 중음이란 '중간 단계의 오음(五陰=오온五蘊)'이란 뜻이며 티벳불교에서는 죽음과 탄생 사이의 중간 단계를 바르도(Bar Do)라고 부른다. 바르도란 티벳어로 (죽음과 탄생의) '둘(Do)의 사이(Bar)'라는 뜻이다. 영어로 풀면 'Between(Bar) Two(Do)'가 된다. 그리고 오음(五陰)은 구마라습의 번역어인데 후대에 현장이 고안한 오온(五蘊)이란 번역어가 더 널리 쓰인다.

은 거의 불가능할 것이다. 성체의 외형은 천차만별이지만, 참으로 희한한 것은 코끼리든 쥐든 개미든 인간이든 사마귀든 그 출발점인 수정란들은 크기와 외형에서 거의 차이가 없다는 점이다. 불전에서 가르치듯이 중음신 역시 오감을 갖는다면[주23], 그의 눈에 보이는 수정란은 축생의 것이 대부분일 것이다. 지구상에서 남녀의 교미를 통해 매일 형성되고 있는 인간의 수정란을 모두 합한다고 해도 다른 생명체의 수정란을 모두 합한 수에 비하면 옛날 쌀가마에 섞인 '피 이삭'의 수 정도도 안될 것이다. 그것도 다른 수정란과 전혀 구별되지도 않는 모습으로 지구상의 이곳저곳에 산재할 것이다. 그렇다면 우리가 죽은 후 다시 인간의 수정란을 찾아 태어나기는 그야말로 '맹구盲龜가 우목遇木 하기'[55]보다 더 힘들지도 모른다. 이런 통찰이 생길 때, '다시 태어나서는 안 되겠구나' 하는 염리심厭離心 또는 출리심出離心이 더욱 강화된다.

우리가 죽을 때 식識이 시체에서 벗어나 새롭게 형성된 수정란으로 전이轉移하는 과정에 대해 용수龍樹, Nāgārjuna, 150~250년경는 ≪인연심론송因緣心論頌≫에서 다음과 같이 비유한다. "①마치 스승의 낭독을 듣고서 제자가 그 내용을 그대로 암송하듯이, ②한 등불의 불꽃이 다른 등불로 옮겨 붙듯이, ③어떤 사물의 영상이 거울에 비치듯이, ④도장이 찰흙에 자국을 내듯이, ⑤태양빛이 돋보기를 통과하여 불을 내듯이, ⑥

---

55 인간이 죽은 후 내생에 다시 인간의 몸을 받는 것은 '100년에 한 번 숨을 쉬는 눈먼 바다거북(盲龜)이 숨을 쉬기 위해 물위로 머리를 내밀다가, 우연히 그곳에 떠다니던 나무(木)판자를 만나(遇) 그것에 뚫린 구멍에 목이 끼는 정도의 확률밖에 되지 않는다는 비유, ≪잡아함경(雜阿含經)≫(대정장2), p.1108.

씨앗이 변하여 싹이 되듯이, ⑦시큼한 매실을 보고서 입에 침이 고이듯이, ⑧소리를 지를 때 메아리가 생기듯이."[56] 이런 여덟 가지 모두, '이쪽에서 저쪽으로 무언가가 건너가지는 않지만, 이쪽에 의해 저쪽의 사건이 발생하는 예들'이다. 앞의 사건과 뒤의 사건의 관계는 불일불이不一不異, 불상부단不常不斷, 불래불거不來不去로 연기적緣起的이다. 이와 같은 방식으로 '전생에 죽는 순간의 마지막 식識'이 새로운 수정란에 반영되어 다음 생이 시작된다는 것이다. 이렇게 죽을 때의 '식의 마지막 흐름'이 그대로 내생으로 이어지기에 좋은 내생을 맞이하기 위해서 가장 중요한 것은 죽는 순간의 마음을 잘 조절하는 일일 것이다. 그래서 불전에서는 만일 내생에 좋은 곳에 태어나고 싶다면 죽는 순간에 몸이 아프고 괴롭더라도 '현생에 몸身과 입口과 생각意으로 지었던 자신의 선행善行'을 떠올려야 한다고 가르친다.[주24]

해탈하지 못한 이상 우리는 이런 방식으로 다시 태어난다. 그러나 수행을 통해 아라한의 지위에 오른 자의 경우 그가 생을 마치는 순간의 마지막 식識은 더 이상 수정란에 부착하지 않는다.[주25] 내생이 없는 것이다. 윤회를 마치는 것이다.[57] 아라한이란 모든 번뇌를 제거한 성자를 말한다. 그의 마음은 번뇌行를 일으키지 않는다. 근본 무명無明이

---

56 "暗誦, 등불, 거울, 도장, 태양석, 종자, 신 맛, 소리(와 같은 방식)에 의해 오온이 모여 상속하는 것이지 [어떤 미세한 주체가 있어서] 이동하는 것이 아니라는 것을 지혜로운 자는 마땅히 관찰해야 한다(誦燈鏡及印 火精種梅聲 諸蘊相續結 不移智應察)", 용수(龍樹), ≪인연심론송(因緣心論頌)≫(대정장32), p.1490b.

57 아라한이 된 성자는 일률적으로 다음과 같은 노래를 부른다. "나의 삶은 다했다. 청정한 행은 이미 세웠고, 할 일을 다했으니, 다시 태어나지 않을 것을 나 스스로 아노라."

사라졌기 때문이다. 그러나 무명 속에 사는 다른 모든 중생들은 번뇌에 속박되어 계속 새로운 삶을 희구하며 생사윤회를 이어간다.

이상에서 보듯이 십이연기란, 모든 생명체에게 공통된 생사윤회의 원리이다. 인간은 물론이고 들짐승이든, 날짐승이든, 곤충이든, 어류든 십이연기의 과정을 거치며 탄생과 죽음을 되풀이 한다. 그 몸의 생김새나, 사는 모습이나, 죽는 과정에서 인간은 짐승과 크게 다를 게 없고, 짐승은 인간과 다를 게 없다. 인간이든 짐승이든 모두 DNA에 기반을 둔 몸을 갖고 있다. 인간이든 짐승이든 먹어야 산다. 인간이든 짐승이든 배설을 하며 산다. 인간이든 짐승이든 약육강식의 지배를 받는다. 인간이든 짐승이든 교미를 통해 2세를 생산한다. 인간이든 짐승이든 고통을 싫어하고 쾌락을 좋아한다. 인간이든 짐승이든 모두 생로병사한다. 인간이든 짐승이든 모두 가련한 중생일 뿐이다. 인간은 원래 짐승이다.

2   약육강식을 대하는 **상반**된 태도

_ 폭력과 자비

(1) 서구불자들의 채식주의 - 폭력성에 대한 반발

참으로 특이한 점이 있다. 근, 현대 들어 불교가 전파되기 시작한 서구의 경우 불자들 가운데 채식주의자가 많은 반면, 전통적 불교권인 아시아에는 불자 가운데 채식주의자가 그렇게 많지 않다.[58] 우리나라의 경우 사찰 내에서는 철저하게 채식 식단을 운영하지만, 사찰 밖의 식사에 대해서는 육식에 대해 크게 문제 삼지 않는다.

육식이 채식과 다른 점은 '살생殺生'을 통해 음식물을 마련한다는 데 있다. '우리와 똑같이 고통을 느끼고 죽음을 싫어하는 다른 생명체'를

---

58   사찰 안팎에서 출가자의 채식이 제도적으로 철저하게 지켜지는 나라는 대만뿐이다.

살해해야만 육식 문화가 계속 유지될 수 있다. 동서의 음식문화를 전체적으로 비교하면, 서구의 육식 인구의 비율은 아시아의 그것에 비해 월등히 높다. 그럼에도 불구하고 서구의 불자들 가운데 채식 인구가 많은 이유는 무엇일까?

혹자는 서구 불자들의 채식주의가 '원칙에 충실한 서구인들의 생활 방식' 때문일 것이라고 추정하면서 그들의 '인격적 우월성'에 대해 감탄하기도 하지만 그게 아니다. 서구인의 불교 입문 과정이 아시아인의 그것과 다르기 때문이다. 우리나라를 포함한 아시아인에게 불교는 '깨달음의 종교'로 비친다. 이와 달리 서구인들이 불교에 관심을 갖기 시작한 것은 불교가 '비폭력의 종교'이기 때문이었다.[59]

근대 이후 서구 문화의 부정적 측면을 한 마디로 요약하면 '폭력성 Violence'이다. 1, 2차 세계대전 이후 한국 전쟁을 거쳐 베트남 전쟁으로 이어지면서 근 70년간 계속되어 온 서구 문화의 '폭력성'에 대한 반발로 1960년대 말 이후 서구 사회에서 '평화와 사랑'을 기치로 내건 대항 문화 운동Counterculture Movement의 불길이 일어난다. 서구의 기성 세대들은 대항 문화 운동에 앞장섰던 젊은이들을 히피Hippie, 뉴에이지New Age, 플라워 칠드런Flower Children[주26]등으로 불렀다. 이들 중 많은 수가

---

59 1893년 비베카난다(Vivekananda)의 시카고 종교회의 연설, 1800년대 말에서 1900년대 중반에 이르기까지 마하트마 간디가 주도했던 비폭력 독립 운동, 스즈키 다이세쓰의 저술 등을 통해 서구의 젊은이들은 불교를 포함한 인도종교의 비폭력성을 알게 되었고, 1950년대의 비트 세대(Beat Generation)를 거친 후 1960년대 말에 이르러 인종 차별 철폐와 월남전 반대 운동을 계기로 서구 사회에 인도 종교와 불교가 급속히 전파되기 시작했다.

'비폭력의 종교'인 불교에 입문하였다.[60] 아시아의 불자들과 달리 서구 불자들 가운데 채식주의자가 많은 이유는 이들을 불교에 입문하게 만든 동인動因이 '서구 문화의 폭력성에 대한 반발'이었기 때문이다.

(2) 제국주의의 이데올로기 - 다윈의 진화론

콜럼버스 이후 신대륙 수탈과 식민지 경영을 통해 서구 사회에 막대한 부가 유입되면서, 그 과정을 주도했던 상업인이 사회의 중추 세력으로 부상하였다. 1776년 애덤 스미스의 ≪국부론≫ 출간과 함께 시작된 자유방임적 국가 운영, 상업인이 중심에 있었던 1789년의 프랑스 혁명, 혁명 주도 세력인 상업인의 이익을 대거 반영한 1804년의 나폴레옹 법전의 편찬과, 이런 일련의 사건과 수반하여 진행된 산업혁명1760~1840을 통해 서구 사회에 자본주의적 경제 체제가 뿌리를 내린다.

그러나 자유방임적 자본주의는 순탄할 수 없었다. 그 내적 모순[61]으로 인해 1873년 대공황이 초래되었고, 그 탈출구를 모색하면서 '무자비한 식민지 쟁탈전'인 제국주의 시대가 시작되었는데, 1859년 ≪자연선택에 의한 종의 기원에 관하여On the Origin of Species by Means of Natural Selection≫를 발간하면서 공표된 찰스 다윈의 진화론은 저자의 의도와 달리 약육강식의 제국주의를 미화하는 이데올로기로 작용하였다.

---

60 현재 활동 중인 구미의 불교학자들 가운데 많은 사람들이 대항 문화 운동과 관련이 있다.

61 마르크스에 의하면, "자본주의적인 생산 체제 하에서는, 상품의 가격 경쟁력을 높이려면 노동자의 임금을 낮춰야 하는데, 그 노동자가 사실은 그대로 구매 대중이기도 하기에, 노동자가 빈곤해짐으로써 결국에는 상품에 대한 구매력이 떨어져 상품의 재고가 쌓이고 기업이 도산하는 공황이 초래된다."는 것이다.

다윈 이전에도 그리스의 자연철학이나 라마르크의 용불용설用不用說과 같이 진화에 의해 생명체의 변화를 설명하는 많은 이론들이 있었지만, 다윈의 진화론은 현장 답사를 통한 정밀한 관찰과 분석을 통해 발견된 이론으로 '자연선택'과 '적자생존'이라는 합리적 원리에 의해 생물 종의 분화와 발달을 설명한다는 점에서 설득력을 갖는다. 환경에 적합한 종만이 살아남는다.

생명의 세계는 약육강식의 법칙의 지배를 받는다. 약한 놈은 잡아먹히고, 강한 놈은 잡아먹는다. 철저한 우승열패優勝劣敗의 원리에 의해 생명체의 존속과 쇠멸을 설명한다. 강자의 지위에 오른다고 하더라도 이는 일시적일 뿐이다. 모든 생명체는 생로병사의 과정을 겪지 않을 수 없기에 강자 역시 시간이 지나 노쇠해지면 약자로 전락한다. 결국 모든 생명체는 무한 경쟁의 고통 속에 허덕이다가 목숨을 마치고 만다. 다윈이 발견한 생명세계의 진상은 비정한 것이었다. 근대의 서구인들은 이런 약육강식의 세계에서 강자의 길을 추구하였으며, 그 수단은 군사적 폭력이었다.

(3) 생명 세계의 비정함에 대한 싯다르타 태자의 통찰

그런데 다윈과 마찬가지로 비정한 생명 세계의 진상을 목격했지만 약육강식의 지배를 받는 생명체의 겉모습이 아니라 약육강식의 현장에서 모든 생명체가 받는 내적 괴로움에 주목한 분이 있었다. 바로 싯다르타 태자였다. ≪수행본기경修行本起經≫에서는 이와 관련된 일화를 다음과 같이 전한다.

생로병사의 고통을 보고 항상 번민에 잠겨 있는 태자에게 아버지 정반
왕은 농사 짓는 일을 감독하게 한다. 일에 몰두하면 출가의 염을 내
지 않을 것이라는 생각에서였다. 부왕의 명에 따라 밭으로 간 태자는
염부수閻浮樹라는 나무 그늘에 앉아서 농사 짓는 모습을 바라보았다.
쟁기로 흙을 갈아엎자 벌레들이 우수수 떨어지는데 까마귀들이 날아
와 낱낱이 쪼아 먹는다. 또, 지렁이가 꿈틀대자 두꺼비가 잡아먹고,
그 두꺼비는 뱀이 삼키고, 공작새가 날아오더니 그 뱀을 잡아먹고, 그
공작새는 매가 날아와 잡아채고, 그 매는 독수리가 잡아챈다. 태자
는 이렇게 갖가지 생명들이 먹고 먹히는 장면을 보고서 마음에 상처
를 받아 깊은 명상에 잠겼다. 그때 초선初禪의 경지에 올랐는데 해가
기욺에 따라서 나뭇가지가 휘어지면서 태자의 몸을 그늘로 감쌌다.[주27]

아버지 왕의 명에 따라서 농사일을 감독하다가 싯다르타 태자가 목
격한 약육강식의 현장과, 이를 보고서 크게 상심한 태자가 명상의 첫
단계인 초선에 들었던 일화로 흔히 '염부수 아래의 정관靜觀'이라고 부
른다. ≪불본행집경佛本行集經≫에서는 이때 들었던 '초선의 경지'에 대해
보다 구체적으로 설명한다. 즉, 태자가 염부수 그늘에 앉아 모든 생명
체가 받는 생로병사의 고통苦에 대해 면밀히 생각하면서 자비慈悲의 마
음을 내자 마음이 편안해지면서定 모든 욕망과 악에서 벗어났으며 욕

계欲界[62]의 번뇌가 다 소진되고 색계色界[63] 초선初禪[64]의 경지에 들 수 있었다[주28]는 것이다.

이 일화에서 싯다르타 태자와 찰스 다윈의 차이가 드러난다. 양자 모두 약육강식의 세계를 깊이 관찰했지만 진화론을 발견한 다윈의 추동력은 '생명체의 형태와 기원'에 대한 '지적인 호기심'이었고, 싯다르타 태자로 하여금 구도의 길을 걷게 한 추동력은 '생명체의 고통'에 대한 '연민의 마음', 즉 '자비심'이었다.

염부수 아래의 정관靜觀 이후 오랜 세월이 지나 29세에 출가한 싯다르타 태자는 6년간 다양한 수행 체험을 한 후 35세에 보드가야의 보리수 아래 앉아 어린 시절의 바로 이 추억을 되살려 그 방식 그대로 수행에 들어간 후[주29] 궁극적 깨달음을 얻는다.

약육강식의 법칙이 짐승 사회를 지배하듯이 우승열패의 법칙이 인간 사회를 지배해 왔다. 불교가 발생하기 전까진 그랬다. 불교가 전파되지 않은 지역에서도 그랬다. 다윈의 진화론을 포함한 현대 생물학에서 그리는 생명의 세계 역시 비정한 곳일 뿐이다. 고타마 싯다르타 태자에게 비친 생명의 세계 역시 비정한 곳이었다.

그런데 불교의 독특한 점은 이렇게 비정한 생명의 세계에 '자비와 평

---

62 '고기 몸(肉身)'을 자신으로 착각하면서 이를 위한 동물적 욕망을 추구하며 살아가는 세계.

63 동물적 욕망을 완전히 끊은 '형상의 세계'. 자신의 고기 몸을 더럽다고 관찰하는 부정관이나 가만히 호흡에 집중하는 수식관, 또는 자비희사(慈悲喜捨)의 네 가지 마음을 떠올리는 사무량심(四無量心)을 훈련함으로써 색계에 태어나게 하는 선(禪)의 경지에 오를 수 있다고 한다.

64 색계(色界)에 태어나게 하는 네 가지 선(禪)의 경지 가운데 첫 번째의 것. '주의력의 이동(尋)과 살펴보기(伺)'가 작동하고 '마음의 기쁨(喜)과 몸의 즐거움(樂)'을 느끼는 경지다.

화의 길'을 제시했다는 데 있다. 약육강식과 우승열패라는 동물의 법칙
이 지배하던 인간 세계에 반反동물적인 가르침을 제시했다는 데 있다.
인간으로 하여금 동물성에서 벗어날 것을 가르쳤다. "살생하지 말라,
도둑질하지 말라, 음행하지 말라……."에서 보듯이 그분이 가르친 계율
이 그랬다. 빼앗고貪 싸우는瞋 것이 동물의 삶이라면, 빼앗는 마음 내
지 말고, 싸우는 마음 내지 말 것을 가르쳤다. 일체개고一切皆苦인 동물
의 세계에 열반적정涅槃寂靜의 길을 제시했던 것이다.

3   자유의지가 있다면 **윤회**는 가능하다

(1) 중생과 무생물의 차이 - 식識의 유, 무

생명세계에 대한 부처님의 통찰 대부분은 다윈의 진화론을 포함한 생물학의 조망과 크게 상충하지 않는다. 인간의 몸은 본질적으로 짐승의 몸과 다를 게 없다. 인간이든 짐승이든 그저 중생일 뿐이다. 십이연기의 가르침에서 보듯이 인간의 생장 과정은 짐승의 생장 과정과 큰 차이가 없다. 아울러 인간 사회는 본질적으로 약육강식과 우승열패의 법칙이 지배한다. 그러나 불교의 가르침이 현대의 생물학 이론과 완전히 일치하는 것도 아니다. 양자의 차이점은 다음 세 가지로 정리된다.

1. 생물학에서는 식물 역시 동물과 다를 게 없는 생명체로 간주하지

만, 불교에서는 동물만을 생명체로 간주한다.

2. 생물학에서는 동물이든, 식물이든 '식識'의 유무에 대해 거론하지 않지만, 불교적으로 조망할 때 인간을 포함한 동물은 그 몸에 '식識'이 부착되어 있다는 점에서 식물과 차별된다.

3. 생물학적 견지에서는 "동물이든 식물이든 한 개체는 2세를 산출할 뿐 그 자체가 사멸하면 그것으로 끝"이라고 보지만, 불교에서는 "인간을 포함한 동물은 죽은 후에 그 식識이 다시 새로운 수정란에 반영되어 내생의 삶을 시작한다."고 본다.

요컨대 불교적 의미에서 '중생유정, 有情'과 '무생물무정, 無情'을 가르는 기준은 '식識'의 유무에 있다. 스리랑카 출신이면서 하와이 대학에서 불교학을 가르쳤던 깔루파하나에 의하면 초기 불전에서 식識, Viññāṇaⓟ의 용례는 다음과 같은 세 가지다. 첫째는 심心, Cittaⓟ, 마음Mind, 의식意, Manoⓟ, 생각Thought과 동의어로 통상적인 정신을 의미하고, 둘째는 인식활동을 의미하며, 셋째는 전생과 현생을 연결하는 결생식結生識, Patisandhi-viññāṇaⓟ주30이다. 이러한 식識은 지금 이 순간에도 우리가 무언가를 보고, 듣고 할 때 안식眼識, 이식耳識으로서 작용하고 있고[65], 모든 것이 찰나 생멸함에도 불구하고 이러한 식識의 작용으로 인해 앞 찰나에 보고 들은 것을 뒤 찰나에 재인할 수 있으며, 죽음의 순간에 이르

---

65 불교인식논리학에서 말하듯이 이때 '인식작용'은 그대로 '인식대상'일 뿐이며 별도의 자아를 설정할 필요가 없다.

러서는 이 몸을 벗어나 다음 생의 출발점인 새로운 수정란에 반영되는 것이다.

(2) 모든 생명체의 식은 1차원적인 흐름이다

인간이든 지렁이든 찰나 생멸하는 1차원적인 식識의 흐름이 그 몸을 훑고 있다는 점에서는 차이가 없다. 입체는 3차원, 평면은 2차원, 선線은 1차원이다. 입체 속에서 한 점의 위치를 표시하기 위해서는 세 개의 좌표점(x, y, z)이 필요하고, 평면에서는 둘(x, y), 선에서는 하나의 좌표점(x)이면 된다. 우리의 감각 대상 가운데 순전히 1차원적인 현상의 예로 '소리聲'를 들 수 있다. 소리는 넓이나 부피를 갖지 않고 1차원적인 강약, 고저高低의 흐름만 있을 뿐이다. 그리고 우리의 식 역시 1차원적인 흐름이다. 마치 TV 브라운관의 주사선 같이 1차원적인 식의 흐름이 뇌의 내부를 훑음으로써 그에 대응하는 평면과 입체의 영상을 그려낸다. 한 점 불씨를 재빨리 돌리면 불 바퀴旋火輪, 선화륜가 나타나듯이, 1차원적인 식의 흐름이 체험의 부피를 만들어낸다.[주31]

지렁이와 인간의 차이는 그 몸의 차이일 뿐이다. 그 속에서 주의력의 흐름에 따라 훑고 있는 식識은 지렁이에서든 인간에게서든 모두 1차원적으로 명멸明滅한다. 모든 생명체의 식은 1차원적인 흐름일 뿐이지만, 어떤 식은 지렁이와 같은 하등동물의 몸속에서 요동하고 있고, 어떤 식은 인간과 같은 고등동물의 뇌 속에서 요동하고 있다. 더 나아가 우리의 식만 1차원적인 것이 아니라, 식과 함께 하는 세상 역시 1차원적이다. 우리중생들 각각은 1차원의 세계 속에 사는 1차원적인 생명체다. 얼핏 보면 광대한 우주 속에서 사는 것 같지만, 사실은 매 찰나 변화하는 한 점 크기의 세상이다. 화엄華嚴에서 가르치듯이 "먼지 한 톨크기의 공간 속에 온 우주가 들어 있었다—微塵中含十方, 일미진중함시방."

다시 착각의 세계로 돌아오자. 현생에 인간의 몸에 부착하여 살아가던 식이라고 해도, 내생에 다시 인간의 수정란에 부착한다는 보장은 없다. 현생에 자신의 식의 흐름을 잘 조절한 사람만이 내생에 다시 인간의 몸을 받든지, 더 나아가 천신의 몸을 받는다. 이런 조절이 계戒, 정定, 혜慧[66]의 순서로 이루어지는 불교 수행이다. 인간의 뇌 구조는 본능Instinct, 감정Emotion, 사고Reasoning의 순서로 진화적 위계를 갖는다. 계, 정, 혜 삼학 가운데, 계학戒學이란 나의 식識의 요동을 동물적 본능의 영역3이 아닌 이성의 영역1에 묶어두는 수행이라고 풀이할 수 있다. 정학定學이란 이런 식의 요동이 잦아들게 하는 훈련이며, '내 주의력의 이동에 수반되어 1차원적으로 흐르는 식識'의 내용을 매 찰나 주시함으로써 모든 것은 변하며제행무상, 諸行無常 그 어떤 것에도 실체가 없다제법무아, 諸法無我는 진리를 체득케 하는 수행이 위빠사나Vipassanā의 혜학慧學이다. 혜학이 무르익으면 지혜Paññā℗, Prajñā⑤가 열리면서 식은 뇌의 속박에서 벗어난다. 뇌 속의 그 어느 신경망에도 얽매이지 않는다. 본능3과 감정2과 이성1의 영역 그 어디에도 고착하지 않는다. 이계과離

---

66 계(戒)는 동물적 욕망에서 벗어나는 '윤리적 삶', 정(定)은 가부좌 틀고 이루어지는 '마음의 집중', 혜(慧)는 모든 고정관념이 무너지는 '해체의 지혜'를 의미한다.

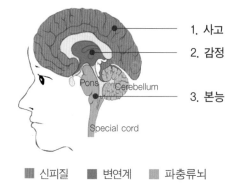

1. 사고
2. 감정
3. 본능

Pons Cerebellum

Special cord

■ 신피질   ■ 변연계   ■ 파충류뇌

뇌의 진화적 구조. 연수와 뇌교, 소뇌 등 파충류의 뇌는 본능을 담당하고, 해마와 편도체와 유두체 등으로 이루어진 변연계는 감정과 관계되며, 대뇌의 표면인 신피질에서는 인지와 사고가 이루어진다.

繫果[67]인 열반이다.[68]

객관적으로 보면 나의 식識이 나의 뇌 내부를 훑고 있다고 말할 수 있고, 주관적으로 보면 지금 이 순간 나에게 체험되는 모든 현상에 '나의 식'또는'나'인 식이 작용한다고 말할 수 있다. 앞 찰나에 체험했던 내용을 뒤 찰나에 지각된 내용과 비교함으로써 의미가 발생한다. 앞 찰나에 체험했던 모든 것이 토대가 되어 다음 찰나에 체험한 것의 의미가 만들어진다. ≪구사론俱舍論≫[69]에서 말하듯이 우리의 모든 인식의 토대가 되는 의근意根은 바로 그 앞 찰나의 육식六識이다. 매 찰나의 동일한 마음이 '앞 찰나의 마음'에 대해서는 육식이 되고 '뒤 찰나의 마음'에 대해

67   모든 속박(繫)에서 벗어남(離)으로써 얻어지는 결과.

68   ≪구사론≫의 육인오과(六因五果) 이론에서 보듯이, 이계과(離繫果)인 열반은 인(因)을 갖지 않는다. 조건들의 결합이 아니라 제거를 통해 얻어지는 것이기 때문이다.

69   원래의 서명은 ≪아비달마구사론(阿毘達磨俱舍論, Abhidharmakośa)≫으로 '아비달마의 창고'라는 뜻이다. 설일체유부(說一切有部)를 중심으로 부파불교의 사상을 집대성한 ≪아비달마대비바사론≫의 핵심 사상을 요약한 문헌으로 세친(世親, Vasubandhu, 320~400년경)의 저술이다.

서는 의근이 된다. 이는 A에게 아들인 B가 C에게는 아버지가 되고, 가을의 열매가 봄에는 씨앗이 되는 것과 마찬가지다.[주32] 다른 비유를 들면 수학자가 미분微分, Differential을 통해 속도 등의 변화를 계산하는 것과 다를 게 없다.[주33]

사물이 이동할 때 앞 찰나의 위치와 뒤 찰나의 위치의 차이에 의해 속도라는 '의미'가 계산되듯이, 매 찰나 명멸하는 1차원적인 식의 흐름에서 전과 후의 비교를 통해 모든 의미가 만들어진다. 거시적巨視的 비유를 들면 같은 온도의 동굴 속이라고 하더라도 겨울에는 바깥과의 비교를 통해 따뜻하게 느껴지지만, 여름에는 시원하게 느껴지는 것과 같다. 어떤 것이든 고정된 의미는 없다. 앞에 체험한 것과의 비교를 통해 의미가 만들어진다. 한 점에 불과한 식識의 1차원적인 흐름 속에서 매 순간 비교를 통해 빠르다, 느리다, 춥다, 덥다, 밝다, 어둡다 등의 의미가 만들어진다. 미시적微視的 연기緣起를 통해 세상이 나타나는 것이다. '일체유심조一切唯心造'다.

지렁이나, 개구리나, 송아지나, 인간 등은 그 진화 방식의 차이로 인해 몸의 크기와 모양은 다르지만 이렇게 1차원적인 식의 흐름이 그 몸 또는 뇌를 훑고 있다는 점에서는 차이가 없다. 이들의 몸을 구성하는 최소단위인 세포나 수정란의 크기나 모양 역시 큰 차이가 없다. 현생의 출발점에서 수정란에 부착되었던 식이 그 몸을 통해 희로애락을 느끼며 살다가 그 몸이 노화하면, 임종 시 그 몸의 마지막 세포에서 떠나 다시 새로운 수정란에 부착한다. 즉 세포에서 세포로 식識이 이동하는 것이다. 환생하는 것이다. 윤회하는 것이다.

(3) 뇌과학의 유물론과 증명 불가능한 자유의지

그런데 '식의 흐름'에 대한 이상과 같은 조망 가운데, 다른 것은 몰라도 윤회에 대한 설명은 '믿음'의 차원에서 수용할 수는 있어도 증명할 수는 없는 내용들이다. 우리가 아는 한도 내에서는 우리의 몸이 죽으면 우리의 마음도 사라진다. 불전은 윤회를 당연시하면서 '윤회에서 벗어날 것'을 가르치지만, 그 누구도 윤회를 증명한 적이 없다. 윤회가 사실이 아니라면 불전의 많은 가르침은 폐기되어야 할 것이다. 더욱이 최근 눈부신 연구 성과를 내고 있는 뇌과학에서는, 윤회를 부정함은 물론, 종교적 신비체험 모두 뇌의 작용일 뿐이라고 설명한다. 예를 들어 신神의 모습을 본다든지, 소리를 듣는 등의 종교적 신비 체험 대부분은 측두엽 간질Temporal Lobe Epilepsy의 증상일 뿐이라고 해석한다.주34

뇌과학의 연구 성과가 보편화될 경우 종교는 물론이고 철학, 심리학, 사회학 등 지금까지 인류가 이룩한 다양한 학문적 성과 대부분이 재검토되어야 할 것이라고 한다. 불교는 뇌과학의 냉철한 분석과 비판을 비껴갈 수 있을까?

이에 대해 답하기 전에 우선 뇌의 구조를 개관해 보겠다. 불전에서 가르치듯이 윤회가 사실이고 전생에서 이어져 온 식識이 생명체의 몸에 반영 또는 부착되어 있다면, 그런 식이 직접 작용하는 곳은 인간의 신

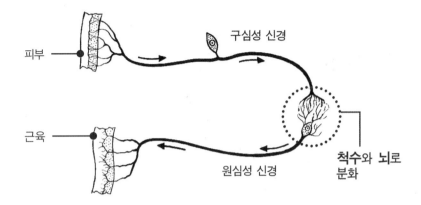

피부 →

구심성 신경

근육 →

원심성 신경

척수와 뇌로 분화

감각과 운동을 중계하는 뇌. 감관에서 구심성 경을 통해 들어온 전기 호는 궁극적으로는 원심성 경을 통해 나가서 근육을 움직이게 되는데, 고등동물로 진화하면서 두 신경의 연접부가 척수와 뇌로 분화하였다.

체 기관 중 뇌腦일 것이다.[70] 그런데 신장이나 간장, 위장 등 신체 내의 다른 기관과 비교할 때 뇌의 미세 구조는 단순하다. 위 그림에서 보듯 뉴런Neuron이라는 신경세포를 최소 단위로 하는 신경망이 종횡으로 얽혀 있는데, 감각 기관에서 보내온 '자극의 전기 신호'를 해석한 후 운동근육Skeletal Muscle으로 '반응의 전기 신호'를 내보내는 중개 역할을 하는 곳이 뇌일 뿐이다. 대뇌의 중앙 상단에 좌우 방향으로 패인 중심고랑을 경계로 대뇌피질의 앞뒤를 구분할 경우, 앞부분은 근육운동과 사유 등 '능동적 행위'를 담당하고, 측두엽을 포함한 뒷부분은 신체 감각

---

70 남방논서에서는 식(識)의 안주처를 심장토대(hadaya-vatthu)라고 설명하고 있는데, 위빠사나 수행의 부흥자인 마하시 사야도는 이에 대해 해설하면서, 의학적으로 심장이 이식 가능하기에 마음의 안주처를 심장이 아니라 머리(腦)로 바꿔도 좋다고 설명한다(http://www.buddhanet.net/budsas/ebud/mahasi-paticca/paticca-04.htm).

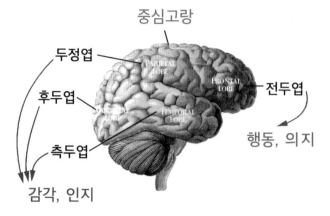

중심고랑

두정엽
PARIETAL LOBE

후두엽
OCCIPITAL LOBE

측두엽
TEMPORAL LOBE

FRONTAL LOBE
전두엽

행동, 의지

감각, 인지

중심고랑을 경계로 대뇌의 앞부분은 '행동과 의지'를 담당하고, 뒷부분은 '감각과 인지'를 담당한다.

과, 시각, 청각 등 '수동적 감각'을 담당한다.[71]

뇌과학과 신경의학은 철저한 유물론이다. 뇌과학이나 신경의학의 견지에서 보면 뇌의 모든 활동은 기계적이다. 객관적으로 연구하다 보니, 유물론적이고 기계론적인 결론만 도출된 것이기에 뇌과학에 대해 반종교적이라거나 천박한 학문이라고 나무랄 수도 없는 노릇이다.

감각 신경을 통해 어떤 자극이 뇌로 전달되면, 다소 복잡하긴 하지만, 선험적 방식[72]이든, 경험적 방식[73]이든 그것이 해석된 후, 그에 대

---

71 시각 정보는 대뇌피질 후두엽의 시각피질(Visual cortex)에, 청각 정보는 측두엽의 1차 청각피질(Primary auditory cortex)에, 촉각 정보는 중심고랑에 인접한 1차체성감각영역(Primary somesthetic cortex)에, 미각 정보는 같은 영역의 하부에 저장된다. 불교에서는 이런 영역을 승의근(勝義根)이라고 부르는데 이 역시 감각을 일으키는 여러 조건(緣)들 가운데 하나일 뿐이다. 예를 들어 눈, 시신경, 허공, 빛, 시각피질, 식의 집중 가운데 어느 것 하나만 결여되어도 '시각 체험'은 일어나지 않는다. 참고로 신체 외부에 붙은 눈, 귀, 코, 혀, 몸과 같은 감각 기관은 부진근(扶塵根)이라고 부른다.

72 선험적(a priori)이라는 철학 용어는 '뇌 신경망의 유전적 연결 구조와 연관된'이라고 재해석된다.

73 '경험적(a posteriori)'이라는 철학 용어는 '뇌 신경망의 후천적 연결 구조와 연관된'이라고 재해석된다.

한 적절한 반응이 운동신경을 통해 근육에 전달될 뿐이다. 그런 과정의 틈새에 '자유의지'라든지 '식識'을 개입시킬 필요는 전혀 없다. 철두철미한 기계론적 해석이기에 결국 숙명론, 결정론적 세계관을 피할 수 없다. 뉴턴 물리학에서 가르치듯이 거시적 물질의 세계는 기계적으로 작동하는데, 뇌과학을 포함한 생리학에서 설명하듯이 우리의 신체가 오직 기계적으로 작동할 뿐이라면, 그 누구에게도 자유로운 행동이 있을 수 없을 것이다. 태어난 순간, 아니 수태受胎된 순간부터 그의 미래는 결정되어 있어야 한다. 그가 체험하는 모든 것, 그가 행동하는 일거수일투족이 모두 결정되어 있어야 한다. 예를 들어 당구 게임에서 쓰리쿠션을 칠 때, 공을 때리는 순간 큐Cue의 방향과 힘의 강도에 따라, 최종적으로 당구공이 안착할 곳이 결정되어 있듯이, 뇌가 물질로만 이루어져 있다면, 탄생 후 우리가 평생 짓는 행동과 평생 겪는 체험은 모두 결정되어 있어야 할 것이다.

이런 난국을 피하기 위해, 하이젠베르크Heisenberg, 1901~1976의 불확정성 원리Uncertainty Principle를 도입하여 자유의지의 가능성을 모색하기도 하지만, 불확정성 원리는 뉴턴 물리학의 거시적 '결정론'을 미시적 '우연론'으로 대체하는 것일 뿐이며, 그것이 '물질적 뇌신경과 별개인 식識'이나 '자유의지'의 존재를 증명하는 근거가 될 수는 없다. 아무리 객관적 분석을 시도해도 '자유의지'를 증명할 수 없다. 칸트Kant가 말하듯이 '자유의지가 있다거나 없다는 생각'은 우리의 이성Reason이 빚어내는 이율배반적 사유의 양 축일 뿐이다.

그러면 '식'이나 '자유의지'의 존재를 증명할 수 없는 이유는 무엇일까? '식'이나 '자유의지' 모두 객관이 아니라 주관적 현상이기 때문이다. '식'이나 '자유의지'는 객관 대상이 아니기에 우리 사유의 대상이 될 수 없다. 생각 속에서 '개념'으로서 떠올릴 수는 있어도, 실제로 그 존재가 확인되지는 않는다. 예를 들어 우리의 눈과 같다. 나의 눈에는 여러 가지 사물들이 보인다. 그러나 아무리 보려고 해도 나의 눈만은 보이지 않는다. 거울에 눈을 비추어 보아도 그것은 진정한 눈이 아니라 눈에 비친 대상이다. '나의 눈'은 능견能見이고, '보이는 대상'은 소견所見인데 능견은 소견의 세계에서 능견을 결코 찾을 수 없기 때문이다. 이와 마찬가지로 '식'과 '자유의지'의 양자 모두 매 순간 주관能 측에서 작용하고 있기에 그것을 객관所화하여 왈가왈부할 수 없는 것이다. '왈가왈부' 하는 행위 자체가 '식'과 '자유의지'에 의한 것이며, 반성적 사유에 의해 그것을 대상화할 경우 그것은 진정한 '식'과 '자유의지'가 아니다.[74]

따라서 뇌와는 별개인 '식'이 존재하는지 아닌지, 그런 '식'에 자유의지가 있는지 없는지, 증명할 방법은 없다. 윤회에 대한 증명은커녕, 식의 존재와 자유의지의 유무 역시 증명할 방법은 없다. 그렇다면 불교 역시 다른 종교와 마찬가지로 뇌과학의 유물론 앞에서 백기白旗를 들어야 하는 것일까?

---

74 이는 다음과 같은 《중론(中論)》, 第3 觀六情品 第2偈의 논리에 근거한 착안이다. "눈이란 것은 스스로 자기 자신(=눈)을 볼 수 없다. 스스로를 보지 못한다면 어떻게 다른 것을 보겠는가?(是眼則不能 自見其己體 若不能自見 云何見餘物)"

(4) 가언명제(假言命題)에 의한 윤회의 논증

이제 치밀한 분석에서 시선을 거두고, 우리의 '현실적 느낌'으로 돌아와 보자. 당신은 당신에게 자유의지가 있다고 느끼는가, 아니면 일거수일투족이 기계적으로 작동된다고 느끼는가? 대부분 전자를 지지할 것이다. 우리는 항상 선택의 기로에 선다. 무엇을 먹을까? 어디로 갈까? 최종 결정을 할 때까지, 순식간이긴 하지만 뇌의 신경망에서는 종합적 검토가 이루어질 것이다. 그리고 최선의 행동을 결정한다. 무엇이 좋겠다고 판단이 되었음에도 불구하고, 그와 반대의 결정을 하는 경우도 있다. 그런 결정이 의식적으로 이루어지는 경우도 있고, 무의식적으로 이루어지는 경우도 있다.[75] 어쨌든 우리는 나에게 자유의지가 있으며, 나의 미래는 열려 있다고 생각하며 살아간다. '착하게 살아라'라든지 '남을 도우며 살라' 등의 윤리, 도덕적 훈계는 자유의지의 존재를 전제로 한다.

그러면 이런 자유의지와 뇌신경망은 어떤 관계가 있을까? 인체의 장기 가운데 뇌에 대한 연구가 가장 더디고 어려운 이유는 그 활동을 측정하기가 쉽지 않기 때문이었다. 과거의 뇌에 대한 연구는 '질병'이나 '사고'로 뇌의 일부가 손상된 환자의 증례를 수집함으로써 이루어진 것이 대부분이었다. 예를 들어 간질 발작을 줄이기 위해 뇌량腦梁을 절

~ ~ ~

75 일반적으로 우리는 의식적 생각을 통해 무언가를 결정한 후 그것을 행동에 옮긴다고 '느끼지만', 최근의 신경생리학 연구에 의하면 의식은 '뒷북치기'일 뿐이다. '행동하기로 작정한 다음에 행동하는' 것이 아니라 '행동한 다음에 행동하기로 작정한다'는 것이다.

단한 환자의 증례[76], 사고로 전두엽 부위가 손상된 환자의 증례[77] 등을 수집하여 역으로 뇌의 각 부위의 기능을 추정해 보는 것이 고작이었다. 1924년 독일의 한스 베르거가 최초로 인간의 뇌파를 기록EEG, Electroencephalogram한 이래 뇌에 대한 연구는 진일보하였지만 그 쓰임새는 극히 제한적이었다.[78]

그런데 1990년대 이후 뇌의 혈류 속의 산소 양의 변화를 실시간으로 탐지함으로써 특정부위에서 일어나는 신경활동 정도를 측정하는 '기능적 자기공명영상fMRI, functional Magnetic Resonance Imaging' 장치가 개발되자 뇌에 대한 연구는 괄목할 진전을 보인다.주35

이런 측정기기를 통해 알 수 있는 것은 우리의 의식 내용에 수반하여 그에 해당하는 부위의 뇌신경 활동이 활발해진다는 것이다. 예를 들어 영화를 감상할 때에는 후두엽의 시각피질이 활성화된다. 또 우리가 '손을 움직일 때에는 운동피질과 체성감각피질의 해당 영역이 활성

---

76 뇌의 특정 부위에 과도한 전류가 발생하여 주변부로 퍼져 다른 신경세포들이 활성화될 때 간질 발작이 일어난다. 이때 발작의 정도를 완화시키기 위해 전류가 반대쪽 반구(Hemisphere)로 흐르지 못하도록 양 반구를 연결하는 신경다발인 뇌량(Corpus callosum)을 절단하는 시술을 했는데, 시술을 받은 환자의 독특한 증례들이 뇌 연구의 자료로 널리 활용되었다. Patricia Smith Churchland, *Neurophilosophy - Toward a United Science of the Mind/Brain*, Massachusetts: The MIY Pree, 1998[first ed. 1986], p.174.

77 1848년 철도 노동자로 일하다가 폭약을 잘못 다루어 철봉이 뇌를 관통하면서 전두엽이 손상되었으나 그 성격이 포악하게 변했던 피니어스 P. 게이지(Phineas P. Gage)의 증례가 대표적인 예이다. Patricia Smith Churchland, *Neurophilosophy - Toward a United Science of the Mind/Brain*, Massachusetts: The MIY Pree, 1998[first ed. 1986], p.162.

78 간질환자나 뇌종양의 진단, 수면과 각성의 깊이 등 뇌의 전기적 활동과 관계된 경우에 한해 유용할 뿐이다. Neil R. Carlson, *Foundations of Physiological Psychology*, Boston: Allyn and Bacon, 2005, p.139.

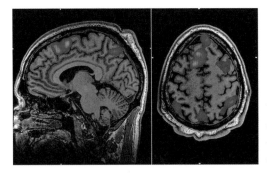

폭발로 인한 잠복성 뇌손상 환자의 fMRI. 전두엽과 두정엽의 양측 상부의 여러 부위가 활성화되어 있다.

화 되며, 눈을 지그시 감고 뭔가를 듣고 있을 때에는 측두엽의 청각피질이 활성화된다. 깨어 있는 동안에는 항상 뭔가가 들리고 보이고 느껴지겠지만, 그 모든 감각이 우리에게 체험되는 것이 아니다. 우리의 '주의 Attention'가 머무는 대상만 체험된다. 즉 우리의 주의가 머무는 대상에 해당하는 뇌신경만 활성화되고 그것만이 유의미한 의식 체험으로 남아 신경회로에 각인된다.

'뇌신경의 활동'과 '의식 체험'의 관계에 대한 이상과 같은 통찰에 근거하여 '식'과 '자유의지'와 '윤회'의 문제에 대해 조망해 보자. 현생의 출발점인 수정란에 부착되었던 식은 그 수정란이 자라나 성체가 되면, 성체의 뇌 속에서 활동할 것이다. 만일 그 성체가 나라면, 내 주의력이 외부대상의 이곳저곳으로 이동함에 따라 나의 '식'은 그에 해당하는 뇌 속의 신경세포의 이곳저곳으로 이동할 것이다. 주의력의 이동은 대부분 반사작용과 같이 수동적으로 이루어지며, 이런 수동적 이동은 기계적인 것이지만, 만일 나에게 자유의지가 있다면, 그런 자유의지가 작용하는 경우에 한해, 나의 식은 뇌신경의 기계적 흐름과 무관하게 능동적으로 이동할 수도 있을 것이다. 다시 말해 '식이 이쪽의 신경세포에서 저쪽의 신경세포로 비약하는 것이 가능할 것이다; "우리에게 자유의지가 있다면 뇌 속의 식이 한 쪽의 신경세포에서 다른 쪽의 신경세포로 비약하는 것이 가능하다."

앞에서 논의했듯이, 우리에게 자유의지가 있는지 없는지 증명할 수 없다. 불전에서 가르치듯이 설혹 뇌를 포함한 우리의 몸과 무관한 식이 있다고 하더라도, 만일 자유의지가 없다면 그런 식은 뇌신경의 전기적 흐름을 거역할 수 없으며 외경外境과 뇌의 상호작용으로 체험되는 모든 일들을 그저 관조만 할 수 있을 것이다. 그렇다면 모든 것은 결정되어 있고 우리의 삶은 숙명에서 벗어날 수 없으리라. 만일 결정론, 숙명론이 사실이라면 이러한 분석도 무의미하고 뇌에 대해 논의할 필요도 없고 학문도 필요 없고 윤리, 도덕도 모두 무의미할 것이다. 그러나 체험적으로 우리는 우리에게 자유의지가 있다고 느낀다. 불전의 가르침 모두 자유의지의 존재를 전제로 한다. 그런데 우리에게 자유의지가 있다는 것은 뇌 속에서 작용하는 식識이 신경세포와 신경세포 사이를 비약할 수 있다는 것을 의미한다. 식과 신경세포, 그리고 자유의지의 관계에 대한 이런 통찰을 하나의 가언명제假言命題, Hypothetical Proposition로 정리하면 다음과 같다.

가언명제 1 : 만일 우리에게 자유의지가 있다면, 우리의 식識은 뇌 속의 한 신경세포에서 다른 신경세포로 비약할 수 있다.

이제 윤회의 문제로 넘어가자. 우리에게 자유의지가 있다면 뇌 속의
식은 어느 한 쪽의 신경세포에서 다른 쪽의 신경세포로 건너뛸 수 있
고, 그때 의식 내에서는 주의집중의 대상이 바뀌는 일이 수반될 것이다.
뇌는 그 크기가 전후, 좌우, 상하 모두 20cm 내외로 몇 조兆의 신경세
포로 이루어져 있는 단백질 덩어리다. 식이 신경세포 간을 건너뛴다고
해도, 그런 비약은 이런 20cm 이내의 공간의 한계 내에서 이루어질 것
이다. 그러나 뇌腦의 내부일지라도 이렇게 '식의 세포 간 비약'이 가능하
다면, 더 먼 거리라고 하더라도 식이 한 세포에서 다른 세포로 비약하
는 것이 불가능할 까닭은 없을 것이다.

앞에서 소개했듯이, 불전의 가르침에 의하면 이곳에서 죽는 순간
의 마지막 찰나의 심신사음,死陰이 다른 곳에서 형성된 수정란생음,生陰
에 반영되면서 윤회가 이루어진다고 한다. 이곳에서 죽는 순간에 몸이
시체로 변하면서 모든 감관이 닫히고 신경활동의 작용이 끊겨 꿈의 환
영幻影도 나타나지 않아 뇌 속이 칠흑과 같이 어두워지면 뇌 속의 어느
'신경세포'에 머물던 마지막의 식識은 그곳을 벗어나 먼 곳 어딘가에 형
성된 다른 '수정란 세포'로 비약한다는 말인데 이는 충분히 가능한 일
이다. 이런 조망을 앞에서 제시했던 '가언명제1'과 종합할 경우 다음과
같은 가언명제 역시 가능할 것이다.

가언명제 2 : 만일 식이 뇌 속의 한 신경세포에서 다른 신경세포로 비약하는 것이 가능하다면, 죽는 순간 '뇌 속의 신경세포'에서 새롭게 형성된 '자궁 속의 수정란 세포'로 비약하는 것도 가능하다.

여기서 "죽는 순간 '뇌 속의 신경세포'에서 새롭게 형성된 '자궁 속의 수정란 세포'로 비약한다."는 것은 환생을 통해 윤회하는 과정에 대한 묘사이기에 '가언명제2'는 다음과 같이 바꿔 쓸 수 있다.

가언명제 3 : 만일 식識이 뇌 속의 한 신경세포에서 다른 신경세포로 비약하는 것이 가능하다면, 윤회는 가능하다.

그리고 이 '가언명제3'의 전건前件인 "식識이 뇌 속의 한 신경세포에서 다른 신경세포로 비약하는 것이 가능하다"는 문장은 앞의 '가언명제1'의 후건이기에 '가언명제1'과 '가언명제3'을 종합하면 다음과 같은 가언명제가 만들어질 수 있다.

가언명제 4 : 만일 우리에게 자유의지가 있다면, 윤회는 가능하다.

윤회를 논증해 보았다.

4 뇌의 **허구**를 **폭로**하는 반야중관학

인간을 포함한 포유류는 물론이고 어류, 파충류, 조류, 곤충이나 갑각류 등 대부분의 동물에게 뇌가 있지만, 모든 동물이 뇌를 갖는 것은 아니다. 아메바나 짚신벌레 같은 원생동물에게는 뇌가 없다. 지렁이와 같은 하등무척추동물의 경우에는 앞부분에 신경 덩어리가 있긴 하지만, 이는 뇌라기보다 혀舌의 역할을 하는 '화학 탐지기'79일 뿐이다. 불교의 가르침은 인간만이 아니라 모든 생명

---

79 사람이든 들짐승이든, 날짐승이든, 곤충이든, 물고기든 이목구비(耳目口鼻)가 얼굴에 몰려 있는데, 그 이유는 '먹이'를 얼굴 중앙의 '입(口)'에 넣기 위해서다. 진화론적으로 보다 정확히 표현하면 "입 주변에 감관이 몰려 있는 생명체만 현재 생존해 있는 것이다." 우리 인간의 경우, 이목구비 또는 오감이 그 본래적 용도에서 많이 벗어나 있지만 눈은 원래 '광학 탐지기', 코는 '원격 화학 탐지기', 혀는 '근접 화학 탐지기', 귀(물고기의 경우 옆줄)는 '매질(媒質) 진동 탐지기'로 '먹이'를 탐지하거나 '먹힘의 위해(危害)'를 탐지하는 것이 그 주 용도였다.

체를 위한 것이다. 일체중생을 위한 것이다. 불교의 제도濟度 대상에는 인간뿐만 아니라 육도 중생 모두가 포함된다. 그런데 지렁이 등의 하등 동물에서 보듯이 뇌는 모든 생명체에게 공통된 필수기관이 아니다.

인간을 포함하여 모든 생명체는 약육강식의 세계 속에 태어나 시달리다가 늙고 병들고 죽는다生老病死. 그리곤 다시 태어나서 시달리고 늙고 병들고 죽는 과정을 되풀이한다. 해탈하지 못한 이상 이런 윤회는 영원히 계속된다. 부처님은 이런 윤회의 진상苦과, 이런 윤회의 세계에 태어나게 되는 원인集과, 다시는 윤회에 시달리지 않는 깨달음滅과, 그런 깨달음을 얻는 길道을 제시하였다. 고, 집, 멸, 도의 사성제다.

모든 생명체의 공통점은 탄생했다가 고생하다가 죽는다는 점이다. 그런데 인간의 경우 뇌를 갖고 있을 뿐만 아니라, 뇌에 기반을 두는 언어를 구사하며, 언어를 사용하여 갖가지 생각을 한다는 점에서 인간 이외의 다른 생명체와 차별된다. 이는 다음과 같이 정리된다.

일반 생명체	탄생 → 고생 → 죽음
인간	언어, 생각 탄생 → 고생 → 죽음

따라서 인간이 겪는 고성제苦聖諦에는 '언어와 생각이 만든 괴로움'이 덧붙는다. 현대인의 경우 야생동물과 달리 '굶주림의 고통'과 '살해의 공포'에서는 많이 벗어났지만, 언어와 생각으로 인한 고통은 더욱 극심해

지고 있다. '식자우환識字憂患'인 셈이다.

끝없이 나고 죽는 생명의 세계, 즉 윤회의 세계에 태어나지 않으려면 이런 윤회에 세계에 대해 맺힌 것이 없어야 한다. 맺힌 것이란 바로 '탐, 진, 치의 삼독 번뇌'다. 이 삶의 세계에 무언가 하고 싶은 것이 남아 있을 때 죽는 순간의 식은 삶에 대한 그런 애착 때문에 다른 수정란에 달라붙는다. 윤회하는 것이다. 윤회의 진상인 무상無常, 무아無我, 고苦에 대한 통찰을 통해 '탐, 진, 치'의 번뇌를 모두 없앨 경우, 다시는 태어나지 않는 아라한의 지위에 오르게 된다. 단순하고 분명한 초기불전의 가르침이었다.

그런데 불멸 후 5백여 년 지나 난삽한 아비달마[80] 교학이 발달하였다. 단순, 명료했던 초기불교였는데, 인간의 언어와 생각으로 인해 번쇄해짐으로써 치심의 번뇌만 더 증장되었다. 이를 단칼에 쳐버리는 것이 바로 반야중관학般若中觀學[81]의 공空사상이다. 《반야경》에서는 언어로 표현된 불교의 가르침 모두가 허구일 뿐이고, 도구일 뿐이라고 선언하고, 중관학에서는 치밀한 분석을 통해 그런 선언을 논증한다. 언어로

---

80 아비달마(阿毘達磨). 산스끄리뜨어 Abhidharma⑤의 음사어. 문자 그대로 풀면 '법(Dharma⑤)에 대한(Abhi⑤) 것'이란 뜻으로 '대법(對法)'이라고 의역하기도 한다. '부처님의 가르침(法)에 대(對)한 체계적인 해석'으로 이러한 불교를 '아비달마불교'라고 부른다. 또 해석의 차이로 인해 종파가 갈렸기에 '부파불교'라고 부르기도 하고, 후대에 일어난 대승불교의 관점에서는 '소승불교'라고 부르기도 한다.

81 《반야경》에서 천명한 공(空)에 대해서 논리적으로 해명하는 학문이 중관학(中觀學)이며, 양자를 합하여 '반야중관학'이라고 부른다. 중관이란 '중도(中道)에 대한 관찰'을 의미한다. 중도를 문자 그대로 풀면 '가운데의 길'이 되겠지만, 불교에서 말하는 중도는 '양 극단에 대한 비판'을 의미한다. 따라서 중관학이란 '흑백논리적으로 작동하는 우리의 사유(思惟)를 비판하는 학문'이다. 중관학의 궁극에서 우리는 《반야경》의 공을 체득한다.

언어를 버리는 것이다. 생각을 통해 생각의 사슬에서 벗어나는 것이다. 뇌의 허구에서 벗어나는 것이다. "뇌를 제거하라!" 반야중관학의 법공法 空[82] 사상이다.

그러나 이렇게 생각의 허구를 자각하는 것이 불교 수행의 끝이 아니다. 깨달음이 아니다. 언어와 생각의 허구를 자각한 후에는 다시 초기불교의 가르침으로 돌아가야 한다. 삼독심을 제거함으로써 이 윤회의 현장에 맺힌 한을 모두 풀어버려야 한다. 번뇌의 속박에서 벗어나야 한다. 다시 태어나지 않을 수 있도록 남은 번뇌를 모두 녹여야 한다. 반야중관학에서는 부처님의 가르침 이후 후대에 덧붙여진 아비달마 교학의 군더더기를 털어내기만 할 뿐이다.

---

82 공(空)에는 아공(我空)과 법공(法空)의 두 가지가 있다. 아공은 '자아의 공', 즉 무아(無我)의 다른 표현이고, 법공은 '법의 공'을 의미하는데, 법이란 '가르침, 구성요소, 개념, 진리' 등을 뜻한다. 부처님의 '가르침(法)'조차 궁극적 실체가 없다는 의미에서 법공이고, 이 세상을 이루고 있는 '구성요소(法)' 역시 더 분석해 들어가면 실체가 없기에 법공이며, 우리의 사유가 작동할 때 재료로 사용되는 여러 가지 '개념(法)' 들 역시 실체가 없기에 법공이며, '진리(法)'라고 하더라도 말로 표현된 이상은 진정한 진리가 아니기에 법공이다. '가르침, 구성 요소, 개념, 진리' 모두 뇌(腦)에서 만들어지는 것들이다.

사진 및 그림의 출처와 저작자

21쪽 : (저작권 시효 만료) 왼쪽부터, ① [출처] 불교중앙박물관 [저작자] 세키노 다다시(關野貞); ② [출처] http://commons.wikimedia.org/wiki/File:Charles_Darwin_Statue,_Natural_History_Museum,_London. jpg [저작자] Eluveitie

23쪽 : [출처] http://es.wikipedia.org/wiki/Archivo:Lions_and_a_Zebra_a.jpg [저작자] jeffrey sohn.

25쪽 : [출처] http://commons.wikimedia.org/wiki/File:Moth_camouflage_(5801047047).jpg [저작자] Gilles San Martin.

26쪽 : [출처] http://commons.wikimedia.org/wiki/File:Peppered_moths.jpg [저작자] Khaydock;

27쪽 : [출처] http://commons.wikimedia.org/wiki/File:Human.jpg [저작자] Mikael Häggström.

30쪽 : 왼쪽부터, ① [출처] http://en.wikipedia.org/wiki/File:Phasianus_colchicus_-Rutland_Water_-female-8.jpg [저작자] Andy Vernon; ② [출처] http://commons.wikimedia.org/wiki/File:Pheasant.jpg [저작자] gary noon.

32쪽 : [출처] http://en.wikipedia.org/wiki/File:Anas_platyrhynchos_male_female_quadrat.jpg [저작자] Richard Bartz.

34쪽 : [출처] http://commons.wikimedia.org/wiki/File:Orsopapera-anatre_001.JPG [저작자] Orso della campagna e Papera dello stagno [재편집] 필자.

36쪽 : 왼쪽부터, ① [출처] http://commons.wikimedia.org/wiki/File:Guppy_Poecilia_reticulata.jpg [저작자] H. Krisp) ; ② [출처] http://commons.wikimedia.org/wiki/File:Guppy_02.jpg [저작자] Unknown Author [재편집] 필자.

38쪽 : (저작권 시효 만료) [출처] http://commons.wikimedia.org/wiki/File:Sperm_whale_drawing_with_skeleton.jpg [저작자] Citron, Richard Lydekker, and Totodu74 [재편집] 필자.

40쪽 : 원 그림은 논문 Ted W. Cranford, Mats Amundin, and Kenneth S. Norris, "Functional Morphology and Homology in the Odontocete Nasal Complex: Implications for Sound Generation", *Journal of Morphology* 228, 1996, p.271에 수록되어 있으며 위의 그림은 이에 토대를 두고 본 출판사에서 다시 제작한 것임.

42쪽 : 왼쪽 위부터 시계 방향으로, ① [출처] http://en.wikipedia.org/wiki/File:Partridge_Cochin_cockerel.jpg [저작자] sammydavisdog from East Midlands, UK ; ② [출처] http://commons.wikimedia.org/wiki/File:Animals_in_Monde_Sauvage_d%27Aywaille_02.JPG [저작자] Donarreiskoffer ; ③ [출처] http://commons.wikimedia.org/wiki/File:A_portrait_of_a_prairie_dog_(5650285681).jpg [저작자] Alias0591 ; ④ [출처] http://pixabay.com/ko/%EB%AC%BC%EA%B3%A0%EA%B8%B0-%EC%98%A4%EB%A0%8C%EC%A7%80-%EB%85%B9%EC%83%89-%EB%8C%80%EC%96%91-%EB%AC%BC-%EB%B0%94%EB%8B%A4-320914/ [저작자] 218860 ; ⑤ [출처] http://commons.wikimedia.org/wiki/File:Marilyn-Monroe-9412123-1-402.jpg [저작자] Thelord1997 ; ⑥ [출처] http://commons.wikimedia.org/wiki/File:Timitalia_-_dragonfly_(by).jpg [저작자] timitalia from munich, germany [재편집] 필자.

46쪽 : 필자 제작.

47쪽 : 위부터, ① [출처] http://en.wikipedia.org/wiki/File:Acontia_cretata.JPG [저작자] Lafontaine JD, Poole RW ; ② [출처] http://commons.wikimedia.org/wiki/File:Accipiter_nisus_Meneer_Zjeroen.jpg [저작자] Meneer Zjeroen ; ③ [출처] http://commons.wikimedia.org/wiki/File:Cougar_closeup.jpg [저작자] Art G. ; ④ [출처] http://en.wikipedia.org/wiki/American_bullfrog [저작자] Alan D. Wils ; ⑤[출처] http://commons.wikimedia.org/wiki/File:Highland_Cattle_bull.jpg [저작자] BrianForbes [재편집] 필자.

48쪽 : 왼쪽부터, ① © Oleg Andrenko | Dreamstime.com (2014년 6월 4일 구입) ; ② [출처] http://pixabay.com/ko/%EC%9E%90%EB%8F%99%EC%B0%A8-%ED%8F%AD%EC%8A%A4%EB%B0%94%EA%B2%90-%EB%B2%84%EC%8A%A4-%ED%99%94%EB%AC%BC-%EC%88%98%ED%96%89-%EB%B0%B0%EB%8B%AC-%EC%9A%B4%EC%A0%84-%EB%8F%85%EC%A0%90-159640/ [저작자] OpenClips.

50쪽 : © Sergey Abalentsev | Dreamstime.com (2014년 6월 4일 구입).

55쪽 : 바티칸의 시스티나 성당 벽화. [출처] http://en.wikipedia.org/wiki/File:Michelangelo_-_Creation_of_Adam.jpg [저작자] Michelangelo Buonarroti (1475-1564).

59쪽 : [출처] http://commons.wikimedia.org/wiki/File:Brain_diagram_without_text.svg [저작자] Mysid. 재편집 필자.

61쪽 : (저작권 시효 만료) 'Santiago Ramon y Cajal, Recuerdos de mi Vida, *IMPRENTA Y LIBRERIA DE NICOLAS MOYA*, Madrid, 1917, p.338, Fig.71(그림 A) ; p.339, Fig.72(그림 B)'를 이용하여 필자가 재제작.

65쪽 : 왼쪽부터, ① [출처] http://en.wikipedia.org/wiki/File:Spider_Monkey,_Tortuguero.jpg [저작자] Arturo de Frias Marques ; ② [출처] http://commons.wikimedia.org/wiki/File:Dagstuhl_buffet.jpg [저작자] Nic McPhee from Morris, MN, USA.

67쪽 : [출처] http://commons.wikimedia.org/wiki/File:2012-06-27_Aporia_crataegi_eggs_Malus_domestica.JPG [저작자] Волков Владислав Петрович.

71쪽 : 왼쪽부터, ① [출처] http://commons.wikimedia.org/wiki/File:Elizabeth_Taylor_Cleopatra_1963.JPG [저작자] 20th Century Fox [재편집] 필자 ; ② [출처] http://commons.wikimedia.org/wiki/File:Tigray_Girl,_Ethiopia_(8571442788).jpg [저작자] Rod Waddington from Kergunyah, Australia [재편집] 필자.

72쪽 : 왼쪽부터, ① [출처] http://commons.wikimedia.org/wiki/File:Black_Madonna.jpg [저작자] Csiraf ; ② [출처] http://commons.wikimedia.org/wiki/File:Falash_Mura_kid.jpg [저작자] meg and rahul.

76쪽 : 왼쪽부터, ① [출처] http://commons.wikimedia.org/wiki/File:Joshua_Tree_National_Park_-_Beavertail_Cactus_(Opuntia_basilaris)_-_24.jpg [저작자] Jarek Tuszynski; ② [출처] http://commons.wikimedia.org/wiki/File:Sand_from_Gobi_Desert.jpg [저작자] Siim Sepp.

79쪽 : [출처] http://commons.wikimedia.org/wiki/File:Coelacanth_model,_Devonian_-_Houston_Museum_of_Natural_Science_-_DSC01709.JPG [저작자] Daderot.

83쪽 : 왼쪽 위부터 시계 방향으로, ① [출처] http://en.wikipedia.org/wiki/File:Strau%C3%9Fenfu%C3%9F.jpg [저작자] Masteraah ; ② [출처] http://commons.wikimedia.org/wiki/File:ErmineSpot.jpg [저작자] BLW ; ③ [출처] http://commons.wikimedia.org/wiki/File:Natural_History,_Birds_-_Eagle_Foot.jpg [저작자] Philip Henry Gosse ; ④ [출처] http://commons.wikimedia.org/wiki/File:Male_Right_Foot_2.jpg

[저작자] Aleser [재편집] 필자.

91쪽 : 왼쪽부터, ① [출처] http://en.wikipedia.org/wiki/File:Fishapods_tetrapods.JPG [저작자] Conty [재편집] 필자; ② [출처] http://commons.wikimedia.org/wiki/File:Plesiadapis_cooki_(2).jpg [저작자] Ghedoghedo.

94쪽 : 왼쪽부터, ① [출처] http://commons.wikimedia.org/wiki/File:Little_Blue_Heron_(_juvenile_)_with_Crayfish_at_Lake_Woodruff_National_Wildlife_Refuge_-_Flickr_-_Andrea_Westmoreland.jpg [저작자] Andrea Westmoreland; ② [출처] http://en.wikipedia.org/wiki/File:US_Navy_100817-N-9769P-069_Navy_Diver_2nd_Class_David_Orme,_center,_and_Colombian_divers,_Capt._Camilo_Cifuentez,_right,_and_Chief_Technician_Aurelio_Alonso,_slowly_ascend_to_the_surface_during_underwater_gear_familiarization.jpg [저작자] US Navy. [재편집] 필자.

98쪽 : [출처] http://commons.wikimedia.org/wiki/File:Bluefin-big.jpg [저작자] Unknown Author.

100쪽 : [출처] http://en.wikipedia.org/wiki/File:Yezhik.jpg [저작자] Max Korostischeveski.

104쪽 : [출처] http://commons.wikimedia.org/wiki/File:Perla_laugh_thumb.jpg [저작자] Foodstories.

107쪽 : 왼쪽부터, ① [출처] (저작권 시효 만료) Darwin, C. R., The expression of the emotions in man and animals, London: John Murray(1st edition), 1872, p.24, Fig.1. ; ② [출처] http://commons.wikimedia.org/wiki/File:Waaah!.jpg [저작자] Kyle Flood from Victoria, British Columbia, Canada.

111쪽 : 왼쪽부터, ① [출처] http://pixabay.com/ko/%EC%86%8C%EB%85%80-%EB%AA%A8%EC%9E%90-%EC%97%B0%EC%A3%BC-%EC%96%BC%EA%B5%B4-%EB%88%88-%EB%85%B9%EC%83%89-%EC%B4%88%EC%83%81%ED%99%94-316413/ [저작자] Greyerbaby; ② (저작권 시효 만료) [출처] http://commons.wikimedia.org/wiki/File:Marx1867.jpg [저작자] Friedrich Karl Wunder (1815-1893).

115쪽 : [출처] http://commons.wikimedia.org/wiki/File:MacArthur_and_Sutherland.jpg [저작자] Original uploader was Hawkeye7 at en.wikipedia [재편집] 필자.

117쪽 : 출판사 제작.

124쪽 : 필자 제작.

128쪽 : [출처] http://commons.wikimedia.org/wiki/File:Peach_Flowers_(2366535917).jpg [저작자] Yellow. Cat from Roma, Italy.

132쪽 : [출처] http://commons.wikimedia.org/wiki/File:Anatomy_of_the_Human_Ear.svg [저작자] Chittka L, Brockmann A.

137쪽 : (저작권 시효 만료) [출처] http://commons.wikimedia.org/wiki/File:PrimateFeet.jpg [저작자] Richard Lydekker (1849-1915).

138쪽 : [출처] http://commons.wikimedia.org/wiki/File:016_Kek_Lok_See_Penang_Avalokitesvara.jpg [저작자] Anandajoti.

141쪽 : [출처] http://commons.wikimedia.org/wiki/File:East_Asian_blepharoplasty_before_after.jpg [저작자] User:People bios (original photos), User:Cymru.lass (derived work).

142쪽 : 왼쪽 위부터 시계 방향으로, ① [출처] http://commons.wikimedia.org/wiki/File:Colisa_lalia_-_side_(aka).jpg [저작자] André Karwath aka Aka ; ② [출처] http://commons.wikimedia.org/wiki/File:%C3%81guila_perdicera_(Aquila_fasciata),_Zoo_de_Ciudad_Ho_Chi_Minh,_Vietnam,_2013-08-14,_DD_01.JPG [저작자] Diego Delso ; ③ [출처] http://commons.wikimedia.org/

wiki/File:Ovis_orientalis_aries_'Skudde'_-_head_(aka).jpg [저작자] André Karwath aka Aka ; ④ [출처] http://commons.wikimedia.org/wiki/File:Lion_baring_teeth.jpg [저작자] Wouter van Vliet from The Hague, The Netherlands [재편집] 필자.

146쪽 : [출처] http://commons.wikimedia.org/wiki/File:Prefrontal_cortex_of_the_brain.png [저작자] Erik Lundström.

149쪽 : [출처] http://commons.wikimedia.org/wiki/File:Blausen_0657_MultipolarNeuron.png [저작자] BruceBlaus [재편집] 필자.

153쪽 : [출처] http://commons.wikimedia.org/wiki/File:Blausen_0102_Brain_Motor%26Sensory.png [저작자] BruceBlaus [재편집] 필자.

155쪽 : 왼쪽 [출처] http://commons.wikimedia.org/wiki/File:Viewsonic-crt.png [저작자] Adrian Pingstone. Modified by Paranoid. Retouched by User:Rugby471 [재편집] 필자 ; ② 출판사 재제작.

157쪽 : [출처] http://commons.wikimedia.org/wiki/File:Gray770-en.svg [저작자] Mysid [재편집] 필자.

158쪽 : 왼쪽 [출처] http://commons.wikimedia.org/wiki/File:Human_brain_frontal_(coronal)_section. JPG [저작자] John A Beal, PhD Dep't. of Cellular Biology & Anatomy, Louisiana State University Health Sciences Center Shreveport; 오른쪽 위부터, ① [출처] http://commons.wikimedia.org/wiki/File:Blausen_0103_Brain_Sensory%26Motor.png [저작자] BruceBlaus ; ② [출처] http://commons. wikimedia.org/wiki/File:Homunculus-ja.svg [저작자] mailto:ralf@ark.in-berlin.de [재편집] 필자.

161쪽 : [출처] http://commons.wikimedia.org/wiki/File:SSL11903p.jpg [저작자] Sean.hoyland.

165쪽 : (저작권 시효 만료) [출처] http://zh.wikipedia.org/wiki/File:%E9%A9%AC%E8%BF%9C%E7%BB%98%E5%AD%94%E5%AD%90%E5%83%8F.jpg [저작자] 남송의 마원(馬遠, 1140~1225).

168쪽 : (저작권 시효 만료) [출처] http://en.wikipedia.org/wiki/File:OuchFlintGoodrichShot1941.jpg [저작자] Uncredited WPA photographer.

172쪽 : (저작권 시효 만료) [출처] http://en.wikipedia.org/wiki/File:Eug%C3%A8ne_Delacroix_-_La_libert%C3%A9_guidant_le_peuple.jpg [저작자] Eugène Delacroix(1798-1863).

175쪽 : 왼쪽부터 ① [출처] http://pixabay.com/ko/%EB%B9%84%ED%8B%80-%EC%9E%90%EB%8F%99%EC%B0%A8-%ED%98%84%EC%8B%A4%EC%A0%81%EC%9D%B8-%EC%A0%84%EC%86%A1-%EC%B0%A8%EB%9F%89-157199/ [저작자] OpenClips ; ② [출처] http://pixabay.com/ko/%EC%9E%90%EB%8F%99%EC%B0%A8-%EC%9A%B4%EC%A0%84-%EB%8F%84%EB%A1%9C-%EA%B3%84%EA%B8%B0%ED%8C%90-%ED%9C%A0-%EC%97%AC%ED%96%89-%EB%82%B4%EB%B6%80-%EB%93%9C%EB%9D%BC%EC%9D%B4%EB%B2%84-%EB%B3%B4%EA%B8%B0-316709/ [저작자] PublicDomainPictures [재편집] 필자.

179쪽 : 왼쪽부터, ① [출처] http://en.wikipedia.org/wiki/File:Julie_Andrews_-_portrait.jpg [저작자] Movie studio ; ② [출처] http://en.wikipedia.org/wiki/File:Julie_Andrews_Park_Hyatt,_Sydney,_Australia_2013.jpg [저작자] Eva Rinaldi from Sydney Australia [재편집] 필자.

184쪽 : [출처] http://commons.wikimedia.org/wiki/File:Precuneus.png [저작자] Geoff B Hall.

189쪽 : (저작권 시효 만료) 왼쪽부터, ① [출처] http://commons.wikimedia.org/wiki/File:Charles_Darwin_photograph_by_Julia_Margaret_Cameron,_1969.jpg [저작자] Julia Margaret Cameron ; ② [출처] http://en.wikipedia.org/wiki/File:Sigmund_Freud_LIFE.jpg [저작자] Max Halberstadt[1] (1882-1940) [재편집] 필자.

191쪽 : [출처] http://en.wikipedia.org/wiki/File:Campfire_Pinecone.png [저작자] Original uploader was Emeldil at en.wikipedia (Original text : Pavan Srinath).

193쪽 : 불교문화사업단 제공.

195쪽 : (저작권 시효 만료) 왼쪽부터, ① [출처] http://bagusseven.blogspot.kr/2011/02/ilmuan-yang-mati-bunuh-diri-dan-apa.html [저작자] Unknown Author ; ② [출처] http://commons.wikimedia.org/wiki/File:EEG_cap.jpg [저작자] Original uploader was Thuglas at en.wikipedia.

196쪽 : 출판사 제작.

199쪽 : 출판사 제작.

204쪽 : [출처] http://commons.wikimedia.org/wiki/File:Blausen_0103_Brain_Sensory%26Motor.png [저작자] BruceBlaus [재편집] 필자.

210쪽 : [출처] http://commons.wikimedia.org/wiki/File:Dharma_wheel.svg [저작자] Original uploader was Viniciuscb at en.wikipedia 및 상기한 자료들을 이용하여 필자 제작.

232쪽 : [출처] http://commons.wikimedia.org/wiki/File:Cortical_spreading_depression.gif [저작자] User:S. Jähnichen. Brain_bulbar_region.svg: Image:Brain human sagittal section.svg by Patrick J. Lynch; Image:Brain bulbar region.PNG by DO11.10; present image by Fvasconcellos [재편집] 필자.

235쪽 : [출처] http://en.wikipedia.org/wiki/File:Afferent_(PSF).png [저작자] Pearson Scott Foresman [재편집] 필자.

236쪽 : [출처] http://commons.wikimedia.org/wiki/File:BrainLobesLabelled.jpg [저작자] Camazine [재편집] 필자.

241쪽 : [출처] http://commons.wikimedia.org/wiki/File:FMRI.jpg [저작자] Washington Irving.

미주

1. "Buddhism has the characteristics of what would be expected in a cosmic religion for the future: it transcends a personal God, avoids dogmas and theology; it covers both the natural & spiritual, and it is based on a religious sense aspiring(유사한 내용의 다른 문장에서는 'arising'으로 되어 있음) from the experience of all things, natural and spiritual, as a meaningful unity."

2. "嗚呼嗚呼 世間眾生 極受諸苦 所謂生老及以病死 兼復受於種種苦惱 展轉其中 不能得離 云何不求捨是諸苦 云何不求厭苦 寂智 云何不念免脫生老病死苦因 我今於何得空閑處 思惟如是諸苦惱事", 《佛本行集經》(대정장3), p.1706a. 《불본행집경》은 부처님께서(佛) 깨닫기 전에 보살로서 행했던 갖가지 일들(本行)을 모아 놓은(集) 경전(經). 《본생담(本生譚, Jātaka⑤)》 가운데 하나다.

3. 有人言萬物從大自在天生 有言從韋紐天生 有言從和合生 有言從時生 有言從世性生 有言從變生 有言從自然生 有言從微塵生 …… 佛欲斷如是等諸邪見令知佛法故 先於聲聞法中說十二因緣 又為已習行有大心堪受深法者 以大乘法說因緣相. 《중론(中論)》(대정장30), p.1b.

4. Ramón y Cajal, Santiago, "Estructura del quiasma óptico y teoría general de los entrecruzamientos de las vías nerviosas.", *Revista Trimestral Micrográfica*, 1898, pp.15~65

5. 'Santiago Ramón y Cajal, "Recuerdos de mi Vida", *IMPRENTA Y LIBRERIA DE NICOLAS MOYA*, Madrid, 1917, p.338, Fig.71(그림 A) ; p.339, Fig.72(그림 B)'에 필자가 가필함.

6. 최근에 신경 교차를 이와 다르게 해석하는 논문들이 발표된 바 있다. Marc H. E. de Lussanet, Jan W. M. Osseb, "An Ancestral Axial Twist Explains the Contralateral Forebrain and the Optic Chiasm in Vertebrates", *Animal Biology*, 2012 ; TROY SHINBROT AND WISE YOUNG, "Why Decussate? Topological Constraints on 3D Wiring", *THE ANATOMICAL RECORD*, 2008 ; Serge Vulliemoz, Olivier Raineteau, Denis Jabaudon, "Reaching beyond the midline: why are human brains cross wired?", *Lancet Neurology*, 2005.

7. 如是我聞 一時佛住舍衛國祇園給 孤獨園爾時世尊以爪甲擊土已告 諸比丘於意云何我爪甲上土為多 此大地土多諸比丘白佛言 世尊甲 土土甚少耳此大地土甚多無量乃 至算數譬類不可爲比 …… 如是衆生知有父母亦爾如大地土 如是衆生不知有父母亦爾如 甲上. (대정장2), pp.114a~b.

8. 《마하반야바라밀경(摩訶般若波羅蜜經)》, (대정장8), p.1421.

9. Darwin, C. R., *The expression of the emotions in man and animals*, London: John Murray(1st edition), 1872, p.24, Fig.1.

10. Frederick Snyder, "Toward an Evolutionary Theory of Dreaming" *American Journal of Psychiatry* 123, American Psychiatric Association, pp.121~136, 1966.

11. 超溟, 《萬法歸心錄》(卍續藏65), p.1408.

12. 色(いろ)は 匂(にほ)へと 散(ち)りぬるを, 我(わ)か世(よ) 誰(たれ)そ 常(つね)ならむ, 有為(うゐ)の奥山(おくやま) 今日(けふ) 越(こ)えて, 浅(あさ)き夢見(ゆめみ)し 酔(ゑ)ひもせず

13. Benson H, Lehmann JW, Malhotra MS, Goodman RF, Hopkins J, et al., "Body temperature changes during the practice of gtum-mo yoga", *Nature* 295, 1982, pp.234~236.

14. 《成唯識論》(대정장31), pp.120c ; pp.126a.

15. 積善之家 必有餘慶, 《주역(周易)》, 〈문언전(文言傳)〉.

16. Neil R. Carlson, *Foundations of Physiological Psychology*, Boston: Allyn and Bacon, 2005, p.76 참조.

17. Neil R. Carlson, *Foundations of Physiological Psychology*, Boston: Allyn and Bacon, 2005, p.77.

18. "如是我聞 一時 佛住拘留搜調牛聚落 時 有異婆羅門來詣佛所 與世尊面相慶慰 慶慰已 退坐一面 白佛言 云何 瞿曇 為自作 自覺耶 佛告婆羅門 我說此是無記 自作自覺 此是無記 云何 瞿曇 他作他覺耶 佛告婆羅門 他作他覺 此是無記 婆羅門白佛 云何 我問自作自覺 說言無記 他作他覺 說言無記 此義云何 佛告婆羅門 自作自覺則墮常見 他作他覺則墮斷見 義說 法說 離此二邊 處於中道而說法 所謂此有故彼有 此起故彼起 緣無明行 乃至純大苦聚集 無明滅則行滅 乃至純大苦聚滅 佛說此經已 彼婆羅門歡喜隨喜 從座起去", ≪雜阿含經≫, (대정장2), p.85c.

19. ≪佛說稻芊經≫(대정장16), pp.1807a~b.

20. ≪佛說稻芊經≫(대정장16), pp.1807a~b.

21. 復次三事合會入於母胎 父母聚集一處 母滿精堪耐 香陰已至, ≪中阿含經≫(대정장1), p.1769 ; ≪俱舍論≫(대정장29), pp.146~47a.

22. "Mahānidānasuttam", *Dīgha Nikāya*II ; ≪중아함경(中阿含經)≫(대정장1), pp.579~580에도 같은 내용이 실려 있음.

23. 一切中有皆具五根, ≪俱舍論≫(대정장29), p.146b.

24. 臨壽終時 身遭苦患 沈頓床褥 衆苦觸身 彼心憶念先修善法 身善行 口意善行成就 當於爾時 攀緣善法 我作如是身口意善 不為衆惡 當生善趣 不墮惡趣 心不變悔 不變悔故 善心命終 後世續善, ≪雜阿含經≫(대정장2), p.1341a.

25. 따라서 아라한의 마지막 마음은 다음 찰나의 마음에 대한 차제연의 역할을 하지 못한다. 次第緣除過去現在阿羅漢最後心 心數法 餘過去現在心心數法, ≪中論≫(대정장30), p.12c ; 除阿羅漢臨涅槃時最後心心所法諸餘已生心心所法 是 等無間緣性, ≪俱舍論≫(대정장29), p.136b.

26. 김성철, 〈신자유주의의 정체와 불교도의 역할〉, ≪불교학연구≫ 제21호, 2008 참조.

27. ≪수행본기경(修行本起經)≫(대정장3), p.1467.

28. 諦心思惟 衆生有於生老病死種種諸苦 發起慈悲 即得心定 彼時即便離於諸慾棄捨一切諸不善法 思惟境界 分別境界 慾界漏盡 即得初禪, ≪佛本行集經≫(대정장3), p.1706a.

29. 爾時菩薩自念 昔在父王田上坐閻浮樹下 除去欲心惡不善法 有覺有觀喜樂一心 遊戲初禪 時菩薩復作是念 頗有如此道可從得盡苦原耶 復作是念 如此道能盡苦原 時菩薩即以精進力修習此智 從此道得盡苦原, ≪四分律≫(대정장22), p.1781a.

30. David J. Kalupahana, *Causality: The Central Philosophy of Buddhism*, Hawaii, The University Press of Hawaii, 1975, p.119.

31. 一切諸行 皆悉無常 苦空無我 念念變壞 速疾不停破壞之法 空無所有 非堅固法 如旋火輪 乾闥婆城, ≪正法念處經≫(대정장17), p.1366a.

32. "即六識身無間滅已 能作後識故名意界 謂如此子即名餘父 又如此果即名餘種", ≪구사론(俱舍論)≫(대정장29), p.14b ; 김동화, ≪구사학(俱舍學)≫(서울: 보련각, 1982), p.189.

33. Stcherbatsky, *Buddhist Logic* 1, *Bibkiotheca Buddhica* XXVI, Tokyo: Meicho-Fukyū-Kai, 1977[초판은 1932], p.107.

34. Michael S. Gazzaniga, *Ethical Brain*, New York: DANA Press, 2005, pp.156~161.

35. Neil R. Carlson, *Foundations of Physiological Psychology*, Boston: Allyn and Bacon, 2005, p.141.

눈으로 듣고 귀로 읽는

붓다의 과학 이야기

초판 1쇄 펴낸 날 2014년 8월 27일
초판 3쇄 펴낸 날 2023년 5월 10일

지은이 김성철
펴낸이 이규만
책임편집 위정훈
디자인 강국화

펴낸곳 참글세상
출판등록 2009년 3월 11일(제300-2009-24호)
주소 서울시 종로구 인사동 7길 12 백상빌딩 1305호
전화 02-730-2500
팩스 02-723-5961
이메일 kyoon1003@hanmail.net

ⓒ 김성철, 2014
ISBN 978-89-94781-26-6 (03120)
값 15,000원